Pequenas empresas,
arranjos produtivos locais
e sustentabilidade

JOSÉ ANTONIO PUPPIM DE OLIVEIRA (ORG.)

Pequenas empresas, arranjos produtivos locais e sustentabilidade

ISBN — 978-85-225-0757-3

Copyright © 2009 José Antonio Puppim de Oliveira

Direitos desta edição reservados à EDITORA FGV
Rua Jornalista Orlando Dantas, 37
22231-010 | Rio de Janeiro, RJ | Brasil
Tels.: 0800-021-7777 | 21-3799-4427
Fax: 21-3799-4430
E-mail: editora@fgv.br | pedidoseditora@fgv.br
www.fgv.br/editora

Impresso no Brasil | *Printed in Brazil*

Todos os direitos reservados. A reprodução não autorizada desta publicação, no todo ou em parte, constitui violação do copyright (Lei nº 9.610/98).

Os conceitos emitidos neste livro são de inteira responsabilidade do autor.

Este livro foi editado segundo as normas do Acordo Ortográfico da Língua Portuguesa, aprovado pelo Decreto Legislativo nº 54, de 18 de abril de 1995, e promulgado pelo Decreto nº 6.583, de 29 de setembro de 2008.

1ª edição — 2009

Preparação de Originais: Mariflor Rocha

Revisão: Aleidis de Beltran e Fatima Caroni

Diagramação: FA Editoração

Capa: aspecto:design

Apoio:

Ficha catalográfica elaborada pela
Biblioteca Mario Henrique Simonsen / FGV

Pequenas empresas, arranjos produtivos locais (APLs) e sustentabilidade / Organizador: José Antonio Puppim de Oliveira. — Rio de Janeiro : Editora FGV, 2009.
228 p. : il.

Inclui bibliografia.
ISBN: 978-85-225-0757-3

1. Arranjos produtivos locais — Estudo de casos. 2. Desenvolvimento sustentável — Estudo de casos. I. Oliveira, José Antonio Puppim de. II. Fundação Getulio Vargas.

CDD – 338.8042

Sumário

Prefácio   7

Introdução: arranjos produtivos locais (APLs) e sustentabilidade   9

1   Arranjos produtivos locais como estratégia para
    o desenvolvimento sustentável do turismo: lições
    de Vila do Abraão   39
    Rafael Santos Sampaio

2   Arranjos produtivos locais (APLs) como forma
    de desenvolvimento local sustentável baseado
    na agricultura orgânica   67
    Leonardo Faver

3   Arranjos produtivos locais nordestinos e práticas de comércio
    justo: o papel das redes de relacionamento na inserção em
    cadeias globais em dois estudos de caso no Nordeste   91
    Paulo Fortes

4   Exigências ambientais em arranjos produtivos locais:
    o caso dos arranjos moveleiros em Bento Gonçalves
    e São Bento do Sul   121
    José Jorge A. Abdalla, José Antonio Puppim de Oliveira,
    Delane Botelho e Milber Fernandes M. Bourguignon

5   *Clusters* de micro, pequenas e médias empresas na área de
    produtos regionais: uma estratégia alternativa de
    desenvolvimento da Zona Franca de Manaus   135
    João Carlos Paiva da Silva e José Antonio Puppim de Oliveira

6   Atuação ambiental em distritos industriais: o caso do
    Distrito Industrial Fazenda Botafogo (RJ)   191
    José Jorge A. Abdalla e Susana A. Q. Feichas

7   Lições e conclusões: movendo os APLs na direção da
    sustentabilidade   209
    José Antonio Puppim de Oliveira

Sobre os autores   225

Prefácio

Este livro é resultado de anos de pesquisa e ensino sobre arranjos produtivos locais (APLs) ou *clusters* na Escola Brasileira de Administração Pública e de Empresas (Ebape) da Fundação Getulio Vargas (FGV), Rio de Janeiro. Essas pesquisas geraram uma série de publicações e dissertações sobre o tema de APLs e seus aspectos sociais e ambientais, que agora apresentamos.

Muitos ajudaram para que este livro fosse possível. Gostaria de agradecer à Ebape/FGV por fornecer os recursos para algumas das pesquisas por meio do Pró-Pesquisa. Além disso, agradeço à Fundação Fulbright e à Fundação Japão pelo apoio nos dois seminários internacionais organizados em 2005 e 2006, onde foram discutidos os temas apresentados neste livro, que também geraram outra publicação com casos internacionais (Puppim de Oliveira, 2008).[1] Finalmente, agradeço à professora Judith Tendler, do Instituto de Tecnologia de Massachusetts (MIT, EUA), por inspirar o projeto e participar dos dois seminários, e à Fundação Ford do Brasil por apoiar a publicação.

O livro não pretende responder a todas as perguntas sobre APLs e sustentabilidade, mas sim iniciar o debate sobre um tema que penso é pouco discutido tanto na literatura nacional quanto na internacional, mas que é fundamental para entender os impactos dos APLs no desenvolvimento local. Boa leitura.

José Antonio Puppim de Oliveira

---

[1] Puppim de Oliveira, José A. (Org.). *Upgrading clusters and small enterprises in developing countries*: environmental, labour, innovation and social issues. Hampshire, UK: Ashgate Publishing, 2008.

Introdução: arranjos produtivos locais (APLs) e sustentabilidade*

Diante de um contexto de globalização,[1] uma questão importante que está surgindo muito em todos os países para empresas e governos é a busca de novos meios e políticas para alavancar o desenvolvimento econômico e social, conservando os recursos ambientais. Nesse contexto, a economia deve atuar de forma harmonizada e em constante processo de aperfeiçoamento para buscar soluções, pois só dessa maneira podem-se alcançar melhores índices de produtividade e competitividade. Portanto, indústrias novas advindas de pesquisas científicas em campos ainda não explorados e de base tecnológica, e também indústrias tradicionais que trabalhem novos processos, produtos e mercados possibilitarão uma demanda de novos negócios geradores de novos empregos e renda com desenvolvimento local sustentável.

Pode-se dizer que a competitividade não está em subsídio governamental, mão de obra barata, taxa de câmbio favorável, legislação ambiental e trabalhista frouxa, balança comercial positiva e baixa taxa de inflação, mas, sim, na produtividade com a qual os recursos humanos, capitais e ativos físicos são desenvolvidos e utilizados de forma sustentável. O desenvolvimento em longo prazo somente acontece com sustentabilidade social e ambiental, além da econômica.

---

* Este capítulo é baseado em ideias discutidas no grupo de estudo de APLs sustentáveis da Ebape/FGV e material de várias dissertações defendidas (Silva, 2003; Faver, 2004; Souza, 2004; Sampaio, 2005; Carvalho, 2005; Santos, 2006; Coutinho, 2007; Fortes, 2007). Devo a todos que participaram das discussões entre os anos 2004 e 2007.

[1] Globalização é o aumento do fluxo de capitais, bens, serviços, informações e pessoas em um ambiente de diminuição das barreiras comerciais e facilidade de comunicação e transporte.

Pelas experiências de sucesso no mundo, o fomento de arranjos produtivos locais (APLs) ou *clusters*[2] (aglomerações) de micro, pequenas e médias empresas (MPMEs) voltados especialmente para a exploração das potencialidades das regiões onde se situam constitui uma alternativa de desenvolvimento econômico regional que vem sendo apontada e apoiada pelos governos e pesquisadores, porque está proporcionando a geração de riquezas e fixando bases industriais permanentes e consolidadas com o uso dos recursos naturais existentes em um contexto de autossustentabilidade.

Nos dias de hoje, é necessária uma ação coordenada dos diversos atores governamentais e não governamentais que vise à criação e manutenção de condições favoráveis ao desenvolvimento de polos de produção com eficiência coletiva, sustentabilidade socioambiental, produtividade e acesso a mercados. Por isso, a promoção de *clusters* de MPMEs como estratégia de desenvolvimento econômico deve levar em conta as histórias que explicam o dinamismo de alguns *clusters* em países em desenvolvimento. Assim, nesta introdução procura-se enfatizar aspectos básicos conceituais e essenciais sobre a teoria de *clusters*, bem como destacar casos existentes no Brasil e no mundo — e os discutidos neste livro — sob a ótica da sustentabilidade socioambiental. Além disso, políticas baseadas em APLs podem ser mais efetivas para levar a uma maior sustentabilidade ambiental e social, pois muitas ações ganham escala e eficiência quando são trabalhadas em conjunto, e outras somente acontecem quando há ação coletiva, uma vez que as organizações sozinhas não seriam capazes de implementá-las.

Abordagem inicial — origens e conceitos

O conceito de *cluster* traz de volta a ideia do economista Alfred Marshall (1890), que, em sua obra *Princípios de economia*, expõe como as empre-

---

[2] Nesta introdução, e no livro em geral, não se faz distinção entre *clusters*, distritos industriais e arranjos produtivos locais (APLs), sendo todos aglomerações de agentes produtivos em setores similares e na mesma região, com interação ou potencial para interação entre eles, e inclui produtores, pequenas e grandes empresas (sendo que estas últimas não são o foco deste livro).

sas tendem a formar "distritos industriais" em diferentes áreas geográficas, com cada cidade tornando-se especializada na produção de conjuntos de bens intimamente relacionados. Sua ideia aplicava-se a um conjunto de empresas trabalhando em um mesmo segmento industrial, desenvolvendo a divisão do trabalho industrial entre si.

Marshall afirmava que economias externas podiam ser obtidas pela concentração de diversas pequenas empresas de atividades similares em determinadas localidades. Entretanto, segundo outros autores, elas não são suficientes para explicar o desenvolvimento de *clusters*. É o que pesquisas realizadas em *clusters* industriais de países avançados e em desenvolvimento mostram (Brusco, 1990; Cooke e Morgan, 1998; Schmitz e Navdi, 1999).

Um "distrito industrial" é um sistema produtivo local caracterizado em grande parte por um grande número de empresas, em geral de pequeno ou muito pequeno porte, que são envolvidas nos diversos estágios do processo de produção em uma indústria particular (Pyke, Becattini e Sengenberger, 1990). O modelo do "distrito industrial" é o sistema que representa os principais rivais dos modelos tradicionais baseados no modo de organização fordista, porque supõe um aglomerado de pequenas e médias empresas funcionando de maneira flexível e estreitamente integrado entre elas e ao ambiente social e cultural, alimentando-se de intensas "economias externas" formais e informais (Piore e Sabel, 1984).[3]

As primeiras conceitualizações das vantagens econômicas dos APLs baseiam-se em observações sobre os *clusters* de pequenas e médias empresas do nordeste da Itália, região de Emilia-Romagna, com o desenvolvimento dos "distritos industriais marshallianos", e, posteriormente, da Alemanha (Baden-Wurttenberg), Dinamarca (Jutland), Inglaterra (Cambridge), Espanha (Barcelona), Estados Unidos (Vale do Silício e Los Angeles), e outros países como Japão, Brasil, Índia e Paquistão (Schmitz e Navdi, 1999).

---

[3] Piore e Sabel (1984), economistas do MIT, foram pioneiros na apresentação da tese da especialização flexível, nova forma produtiva, onde há um significativo desenvolvimento tecnológico e uma descentralização produtiva para médias e pequenas empresas. Eles diziam que os elementos que causam a crise capitalista são os excessos do fordismo e a produção em massa, que suprimem a dimensão criativa do trabalhador.

Dessa fonte inicial, as ideias de *cluster* e *clustering* foram surgindo, se tornando a cada dia mais conhecidas no mundo e se fazendo presentes no estudo e na agenda do desenvolvimento econômico local/regional. A crescente aceitação sobre a ideia de políticas para *clusters* de pequenas e médias empresas não se limita apenas ao meio acadêmico, porém se estende a muitos governos e organismos internacionais (Banco Mundial, BID, OIT, OCDE, Unido, Unctad...).[4] Adotadas, em princípio, pelos países desenvolvidos, gradativamente estão sendo aceitas e propagadas nos países em vias de desenvolvimento, nos diversos setores econômicos – particularmente no setor industrial – como forma de atender e acompanhar as novas e crescentes exigências dos mercados globais.

No Brasil, elas têm sido difundidas pela academia (Lastres, Cassiolato e Maciel, 2003) e já fundamentam iniciativas de desenvolvimento, como as operadas no âmbito das federações das indústrias de diversos estados, Sebrae e nas novas versões para o Nordeste, lideradas pela Adene (ex-Sudene)[5]/Ministério da Integração Nacional. Também é popular entre os diversos espectros ideológico-partidários. O programa do presidente Fernando Henrique Cardoso, apresentado por ocasião de sua candidatura à reeleição em 1998,[6] agrega o conceito que também se encontra no conjunto de recomendações de políticas públicas cujas diretrizes permaneceram no governo Lula – alavancar o desenvolvimento econômico.

A literatura em economia industrial, geografia econômica e economia da inovação apresenta uma diversidade de conceitos e abordagens denominando esse termo *cluster*, o qual precisa ser visualizado pela sua própria configuração prática e resultados obtidos tanto nos países desenvolvidos quanto nos em desenvolvimento. Podemos dividir a literatura moderna de *clusters* em duas escolas ou abordagens básicas: uma vinda da análise dos distritos industriais da Itália (Piore e Sabel, 1984), com foco em pequenas

---

[4] Banco Interamericano de Desenvolvimento (BID); Organização Internacional do Trabalho (OIT); Organização para a Cooperação e o Desenvolvimento Econômico (OCDE); United Nations Industrial Development Organization (Unido); United Nations Conference on Trade and Development (Unctad).

[5] Agência de Desenvolvimento do Nordeste (Adene), criada em substituição à Superintendência de Desenvolvimento do Nordeste (Sudene).

[6] Ver Cardoso (1998).

e médias empresas em setores tradicionais, e outra baseada na economia de empresas, com ênfase em grandes empresas, principalmente nos países desenvolvidos (Porter, 1998).

A abordagem dos distritos industriais de pequenas e médias empresas

Uma primeira abordagem vê os *clusters* como instrumentos eficazes de promoção de desenvolvimento local e regional baseado na cooperação entre as empresas envolvidas e outras organizações públicas e quase públicas com forte conteúdo local, que vêm sendo longamente apresentados na literatura (Piore e Sabel, 1984; Pyke, Becattini e Sengenberger, 1990; Brusco, 1990; Tendler e Amorim, 1996; Saxenian, 1994; Amorim, 1998). É esta abordagem, muito considerada e utilizada nos estudos de países em desenvolvimento, que será utilizada neste livro.

A partir da concentração setorial e geográfica de empresas, pressupostos básicos do sistema de *clusters*, as empresas podem ser beneficiadas pelas economias externas de aglomeração e pelo desenvolvimento de ações conjuntas entre os produtores e agentes relacionados à cadeia produtiva (Krugman, 1995; Schmitz, 1995). O conceito de *cluster* traz a ideia da existência de vantagens de aglomeração (OCDE, 2001) e de proximidade espacial.

A questão espacial é relevante para definir uma aglomeração setorial e geográfica de empresas (Schmitz, 1992). Em um APL, um conjunto de empresas compartilha (e constrói) vantagens coletivas (Buitelaar, 2000). Segundo ele as vantagens comuns se dão graças à infraestrutura local especializada; às instituições de apoio (educação, tecnologia); à estrutura produtiva; e às políticas regionais e setoriais. Depreende-se que um *cluster* é ativado quando as companhias operam juntas como uma organização formal e compartilham mercados comuns, produtos, fornecedores, associações comerciais e instituições educacionais.

Os *clusters* podem ser "polos" difusores de crescimento ou virtuosos "distritos industriais" com menor efeito irradiador, mas sempre são concentrações espaciais de atividades nas quais o aumento da produtividade de uma empresa decorre muito do fato de estar próxima de outras empresas do mesmo ramo, ou organizações de apoio no mesmo setor. Isso traz vantagens com fornecedores atraídos para o entorno, fortalece o mercado de trabalho especializado e facilita a crucial circulação de informações.

Em um APL, um conjunto numeroso de empresas, em geral pequenas e médias, opera em regime de intensa cooperação, onde cada uma delas pode executar um estágio do processo de produção, ou, mesmo quando competem, obter complementaridades (por exemplo, compra conjunta de insumos). Nesse sentido, as empresas participam de um mesmo negócio – produção de calçados, de mel ou confecções – apesar de serem unidades autônomas (Amorim, 1998). Em um *cluster* de calçados, por exemplo, podemos ter algumas empresas produzindo o couro, outras as palmilhas, as formas, os moldes, os saltos e, ainda, outras operando com linhas específicas, especializando-se em calçados femininos, masculinos, infantis etc.

Outro aspecto é que as empresas interagem interna e externamente com outras empresas e instituições (Amorim, 1998). É através dessas interações que o processo de aprendizagem é estimulado e se desenvolve. A aprendizagem por interação gera externalidades dinâmicas. As interações em um sistema de valor são fontes de inovação e vantagens competitivas, porém, são difíceis de mensurar. A proximidade geográfica tende a facilitar as interações entre as empresas e instituições, estimulando o processo de aprendizagem. Por outro lado, o conhecimento e a informação disponível podem ser compartilhados com os outros e, quando se faz isso, em geral o resultado é produtivo e as vantagens mútuas. Assim, há retornos crescentes de escala à medida que se compartilha conhecimento, e esse é um conceito importante para *clusters* industriais.

Os fluxos e os estoques de conhecimentos além de os sistemas organizacionais envolvidos em gerar e administrar mudanças nos produtos, nos processos e na organização da produção, é que geralmente levam ao desenvolvimento tecnológico e crescimento de um *cluster*, pois contribuem para a acumulação de competências tecnológicas (Bell e Albu, 1999). O processo de aprendizagem é fundamental para o desenvolvimento de um *cluster* a longo prazo; por isso, para entender como os *clusters* melhoram seus padrões socioambientais, é necessário compreender as pressões para mudança e como os *clusters* respondem a elas.

A abordagem da concorrência para inovação

Esta seção enfoca a abordagem da concorrência para inovação, representada por Porter (1998), e muito aplicada nos países desenvolvidos e com presença de grandes empresas. Ela define os *clusters* como concentrações geográficas de empresas e organizações interconectadas, atuando na mesma área ou segmento industrial, que englobam uma série de indústrias vinculadas e outras entidades importantes para a competição, gerando capacidade de inovação e conhecimento especializado.

Aqui o fator competição entre as diversas empresas é o principal impulsor das mudanças e inovações. Essa questão da competitividade é destaque na atual literatura econômica e vem atribuindo importância significativa à consolidação de *clusters* industriais, relacionados a uma concentração geográfica e setorial de empresas, da qual são geradas externalidades produtivas e tecnológicas (Porter, 1998; OCDE, 2001; Unido, 2001).

Os *clusters* podem afetar a competição de três modos (Porter, 1998): incrementando a produtividade das empresas; direcionando e promovendo a inovação; e estimulando a formação de novos negócios. Além disso, o autor ainda explica que as empresas da rede (conglomerado) podem obter melhorias de produtividade devido a fatores como: um melhor acesso a empregados e fornecedores (redução dos custos de transação); acesso à informação especializada, complementaridade dos seus membros (os resultados do grupo são melhores que a soma das partes individuais); acesso a instituições e órgãos públicos; e melhoria da motivação e medição da eficiência (facilidade de comparação entre as empresas).

A capacidade de inovação auxilia de forma direta na competitividade das empresas, e o *cluster* estimula a inovação e dá suporte ao êxito competitivo do conjunto de empresas que o constitui. Porter (1998) também sustenta que, em um *cluster*, as oportunidades para a inovação são mais visíveis e a implementação ocorre de forma mais rápida, porque a proximidade com os fornecedores e parceiros auxilia a garantir essa praticidade, além do que a competitividade das empresas também está atrelada à sua própria capacidade de inovação.

Com relação à inovação pode-se supor dois determinantes fundamentais: a ameaça, que seria função da existência de competidores, entrantes potenciais e produtos substitutos; e a capacidade de absorver mudanças, que seria função do grau de desenvolvimento dos recursos humanos e da qualidade da interação. Assim, a inovação se processa de duas formas: através da redução de custos e/ou da diferenciação dos produtos. Com esse enfoque, presume-se que a diferenciação torna a competitividade mais sustentável.

Nesse ambiente, a formação de novos negócios é estimulada pelos *clusters*, pois os novos empreendedores contam com um baixo risco, devido à existência de uma base concentrada de clientes. Do mesmo modo, há uma maior facilidade de percepção de oportunidades de negócios pelos indivíduos envolvidos, por conhecerem e observarem os espaços que podem ser preenchidos por novos empreendimentos. De mais a mais, os novos negócios também contam com toda a estrutura já existente na rede, bem como com uma maior facilidade em se obter outras externalidades positivas como financiamentos.

Caracterizando os clusters

Observa-se que o conceito de *cluster* aplica-se a todas as organizações presentes na aglomeração, em especial às empresas que são as responsáveis por impulsioná-lo. Examinando as duas abordagens utilizadas para estudá-los, verifica-se que há certas características presentes comuns que devem ser devidamente consideradas quando se trata de pequenas empresas reunidas sob essa forma de organização. Assim, considerando as duas abordagens para que a organização em forma de *cluster* adquira maior atividade e intensidade, algumas características comuns listadas abaixo devem ser consideradas (Amorim, 1998).

- A presença de empresas concorrentes, complementares ou interdependentes, concentradas em uma determinada área geográfica − preferencialmente na sua maioria de pequeno e médio portes, incluindo ocasionalmente uma ou algumas poucas grandes empresas − todas operando em um determinado negócio.

- O desenvolvimento da atividade principal do *cluster* deve ser compartilhado pelo maior número de empresas, onde cada uma, ou um conjunto delas, se empenha em executar serviços específicos do negócio. Os serviços podem estar relacionados a necessidades comuns tanto à produção, quanto também à comercialização, fornecimento de insumos, pesquisa, tecnologia, infraestrutura, desenvolvimento de novos produtos (inovação) e novos mercados.

- O relacionamento das empresas deve ser dinâmico e evoluir de maneira intensa e contínua, na medida em que as próprias indústrias mudam ou as condições externas não permanecem iguais. Essas relações possibilitam combinar, de modo concomitante, aspectos de cooperação e competição, pontos essenciais que bem articulados resultam no sucesso do *cluster*. Os concorrentes cooperam entre si na busca de soluções de apoio ao seu negócio (infraestrutura, formação de recursos humanos, participação em feiras, atração de investidores, entre outros), e também são solidários nas questões relacionadas aos problemas de logística, *lobby* para derrubar barreiras aos seus produtos, feitos que somente unidos podem ter escala ou capacidade financeira para superar.

- As relações de confiança e solidariedade entre os empresários integrantes do *cluster* são importantes e devem ser estimuladas, porque possibilitam às empresas encontrar soluções coletivas que dificilmente conseguiriam sozinhas, enfim, ganham competitividade e as relações comerciais se desenvolvem com harmonia.

- As empresas de um *cluster* frequentemente estão rodeadas por uma rede de entidades públicas e privadas que atuam como elementos incentivadores e catalisadores do processo de entrosamento, harmonização e atuação coletiva das firmas. Essas entidades exercem um papel relevante, visto que a elas compete fomentar e dar suporte às interações entre as empresas, intermediar conflitos inesperados entre as mesmas ou entre elas e outras entidades, podendo, inclusive, algumas pertencerem ao terceiro setor, como as organizações não governamentais (ONGs).

- As próprias empresas integrantes do *cluster*, e não o governo, é que devem constituir a força motriz impulsionadora das suas atividades e interações.

Um *cluster* de empresas, assim, seria um conjunto de agentes econômicos (empresas, cooperativas, associações de produtores etc.) que em suas operações, cada um (ou alguns), encontram-se envolvidos em fases distintas da produção de um dado produto ou serviço, implicando dessa forma distribuição do trabalho entre as empresas, de tal forma que as práticas cooperativas sejam encorajadas e predomine a maturidade das instituições que lhe dão suporte.

A seguir, adaptadas de Amorim (1998), encontram-se figuras demonstrativas do funcionamento de um *cluster* (figura 1) e de sua formação (figura 2).

Figura 1

Funcionamento de um *cluster*

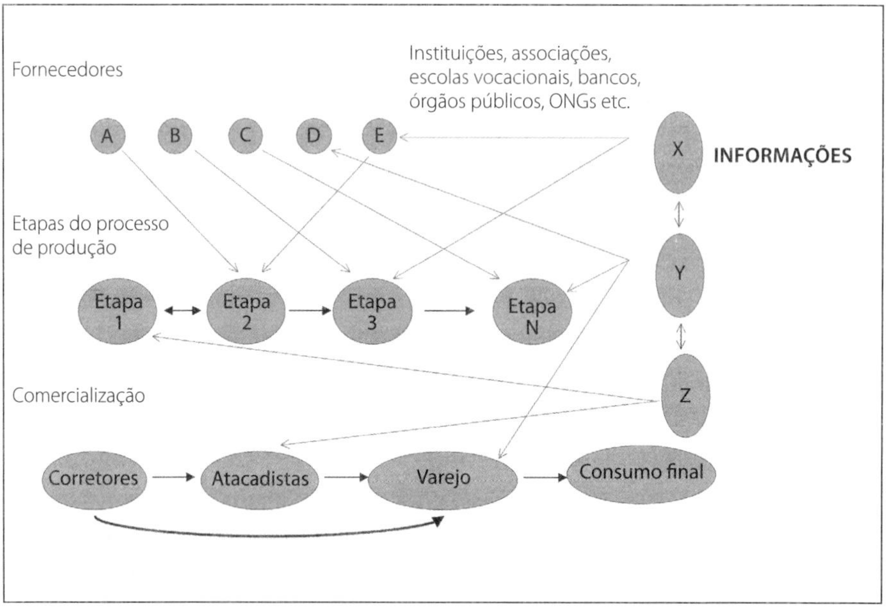

Fonte: Amorim (1998).

Figura 2
Etapas na formação de um *cluster*

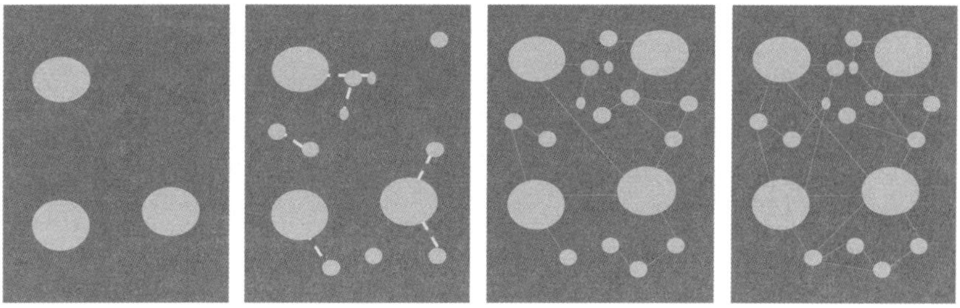

Pré-*clusters*	*Cluster* emergente	*Cluster* em expansão	*Cluster* maduro
Empresas e indústrias independentes	*Enlaces interempresas e concentração da indústria*	*Aumentam os enlaces*	*Alto nível de enlaces interfirmas Massa crítica*

Fonte: Amorim (1998).

Clusters — fatores que explicam a existência

Dentro dos aspectos práticos, vê-se que onde os *clusters* são formados há sempre uma destacada contribuição no desenvolvimento econômico regional. Como já foi mencionado, os *clusters* trazem consigo uma conotação de união, junção, integração, agregação, de força conjunta. Em termos econômicos, podem ser explicados, de forma resumida, como aglomerados de atividades econômicas afins ou núcleos integrados de competitividade.

A principal explicação oferecida pela literatura com relação à existência de *clusters*, tradicionalmente, é a de economias de aglomeração. Para Krugman (1995), o principal fator que explica a concentração espacial de empresas constitui-se no desenvolvimento da mão de obra, fornecedores, infraestrutura e instituições especializadas, ficando os *spillovers* tecnológicos como fator secundário.

Alguns autores tratam as aglomerações industriais (*clusters)* como oriundas do processo natural das forças de mercado e, portanto, o fomento delas somente se daria em função do mercado e de medidas gerais de políticas. Suas análises acreditam nas forças de mercado e sugerem o uso apenas de medidas gerais, de natureza horizontal nas áreas de infraestrutura, de educação e defesa da concorrência (Krugman, 1995; Porter, 1998).

Outros autores salientam mais uma característica dos *clusters*: a eficiência coletiva (Schmitz, 1997). A eficiência coletiva é uma vantagem oriunda das economias de aglomeração e ação conjunta dos diferentes atores do *cluster* para ultrapassar certos obstáculos e melhorar sua capacidade produtiva, como, por exemplo, juntar esforços de MPMEs para fazer compras conjuntas e reduzir custos de preço e transporte. O apoio do setor público por meio de medidas específicas de política e a cooperação entre empresas são essenciais ao aparecimento das eficiências coletivas.

A implantação de empresas em determinadas regiões deve-se basicamente aos recursos naturais existentes, aos equipamentos, à infraestrutura e à demanda, além de outros fatores que proporcionam o desenvolvimento de um determinado setor em uma região, como o histórico de desenvolvimento ou cultura da região, favorecendo o aparecimento de *clusters*. Contudo, a sua simples existência não garante o dinamismo tecnológico das empresas nele situadas (Bell e Albu, 1999), e nem sempre garante o estabelecimento de laços de cooperação visando a um aumento de competitividade.

Em princípio, os *clusters* ou aglomerações não podem ser criados, porque normalmente surgem de forma espontânea em virtude da presença de economias externas e outras condições locais favoráveis. Sua criação, portanto, não é objeto de políticas, que geralmente se concentram na promoção de *clusters* já existentes. As redes e agrupamentos localizados de MPMEs com produção especializada são, antes de tudo, manifestações espontâneas, auto-organizadas, surgidas em torno de um ponto onde se forma um núcleo produtivo. As razões para tal são muitas, e incluem: fonte de matéria-prima; presença de fornecedores; disponibilidade de recursos naturais específicos ou de boa qualidade; proximidade de mercados; presença de universidades e centros de pesquisa; produção artesanal etc. (Amaral Filho et al., 2002).

Na identificação de um *cluster*, existem algumas características importantes que costumam estar normalmente presentes: as empresas locais usualmente interagem por meio de *linkages* de produção, comércio e distribuição; elas também cooperam em marketing, promoção de exportações, suprimento de insumos essenciais, atividades de P&D e outras; as empresas locais geralmente se beneficiam do apoio de instituições locais; e lideranças locais usualmente coordenam ações privadas e públicas (Suzigan, 2001).

O aparecimento, desenvolvimento, consolidação, amadurecimento (e eventualmente decadência) de *clusters* de indústrias, conforme a maioria das experiências existentes, geralmente têm ocorrido de forma espontânea, ou seja, sem nenhuma ação indutora governamental. Sobre como promover sua origem através de políticas públicas há relativamente pouca ou quase nenhuma referência na literatura, o que ocorre não em relação a apoiar *clusters* já existentes (Altemburg e Meyer-Stamer, 1999).

Assim, no processo de formação de *clusters* de indústrias verifica-se que:

- há uma tendência natural à sua formação pelas próprias forças de mercado, com vistas a aproveitar alguns rendimentos de escala, externalidades, efeitos de aglomeração e queda nos custos de comunicação e transporte, além do maior fluxo de informações que eles produzem;
- existem fatores históricos que podem determinar a formação, especialização e melhoramento dos *clusters*;
- geralmente eles nascem associados a alguns recursos locais, sejam físicos ou humanos;
- há aqueles que são produzidos artificialmente por empresas ou políticas públicas;
- eles não são particularidades de economias desenvolvidas ou subdesenvolvidas.

Amaral Filho e colaboradores (2002) inferem "que as experiências internacionais têm mostrado que os principais promotores públicos de estratégias de desenvolvimento de grupos de MPMEs têm sido as coletividades regionais e locais, geralmente com vistas voltadas para o desenvolvimento local/regional". Eles destacam ainda que o primeiro passo prático no sentido de fomentar e organizar as redes e arranjos produtivos de MPMEs é iniciar um trabalho descentralizado de identificação e mapeamento de núcleos e arranjos produtivos locais. É essencial nesse estudo a participação integrada dos governos municipais, estaduais e dos órgãos federais ligados ao desenvolvimento local/regional porque devem ser eles os promotores naturais desse processo.

No Brasil, até pouco tempo não havia conhecimento satisfatório sobre a localização e o estado de organização dos agrupamentos de MPMEs, salvo para alguns casos ícones como as concentrações de produtores de calçados do Vale dos Sinos e de Franca, os produtores de vinho da Serra Gaúcha, entre outros. Entretanto diversas iniciativas buscam conhecer com mais profundidade a variedade de núcleos e arranjos produtivos espalhados sobre o território nacional (veja por exemplo a Redesist <www.redesist.ie.ufrj.br>).

Os diversos enfoques teóricos que tratam da formação de *clusters* possuem em comum a noção de que o desempenho da empresa individual, tanto econômico quanto socioambiental, é potencializado pelo conjunto das empresas e atividades afins que configuram o agrupamento. Isso vem da presença de economias externas locais relacionadas ao tamanho de mercado, concentração de mão de obra especializada, *spillovers* tecnológicos e outros que favorecem a especialização local, além de inovações que surgem da forte interação entre as empresas e atividades que compreendem todo o complexo.

Isso pressupõe a análise de todos os segmentos e processos que interagem nas cadeias produtivas (aquisição e fornecimento de insumos, produção, industrialização, comercialização, mercado, mão de obra, serviços, infraestrutura, entre outros) e que integram e viabilizam competitivamente uma determinada atividade econômica significativa.

Os *clusters*, definidos como concentrações geográficas de grupos de empresas e instituições relacionadas, constituem um sistema de valor. A qualidade e a sofisticação das vantagens competitivas que neles são geradas pela interação e sinergia, decorrentes da atuação articulada entre empresas e instituições, são o que os delimitam. Na prática, é difícil delimitar um *cluster* tanto em termos geográficos quanto em termos das empresas e indústrias que o compõem, já que a identificação dos agentes e suas funções no sistema de valor dependem do objetivo central da análise e das políticas que se pretende propor.

O levantamento de processos de transformações inseridos na tecnologia do ambiente do *cluster* permitirá confrontar as demandas às necessidades da área. Dessa forma, o agrupamento que formará a estrutura do *cluster* poderá se definir convenientemente por similaridade entre empresas, do seu produto, do seu processo tecnológico, e até por empresas que estão mais no encadeamento das atividades, seja local/regional, nacional ou internacional.

Considerando que os *clusters* devem ser constituídos de organizações com ligações entre si, tanto horizontais quanto verticais, o sistema de valor compreende um intenso processo de interação (coordenação, organização, mobilização e articulação) e de negociações entre os diversos agentes que influem no desenvolvimento econômico: governo federal, governos estaduais e locais, empresários, instituições de financiamento, associações empresariais, entidades de classes, instituições de pesquisas, órgãos de fomento, entre outros.

Clusters *e sustentabilidade*

A ideia deste livro é analisar de que forma podemos trabalhar com *clusters* para buscar um desenvolvimento mais sustentável, ou seja, ter empresas produzindo formalmente, pagando impostos, com mão de obra bem remunerada, trabalhando em boas condições de saúde e segurança e seguindo a legislação ambiental. Porém, como sairemos do estágio atual das pequenas empresas do Brasil, onde impera a informalidade (tanto econômica quanto ambiental e trabalhista), para um melhoramento crescente na direção da sustentabilidade? Qual a vantagem de se trabalhar com *clusters*? Qual o papel das políticas públicas nesse processo? Os casos analisados neste livro apresentam algumas respostas para essas perguntas.

O conceito de governança dentro dos *clusters* serve para analisar por que essas mudanças podem acontecer. Governança é a maneira como os diversos atores do *cluster* interagem entre si, e como isso afeta seus comportamentos e ações como entes individuais e como um coletivo.

Nos estudos sobre *clusters* predominam as análises das interações entre seus diversos membros como suficientes para explicar mudanças e o enfoque econômico. Durante muitos anos a literatura focou a dinâmica interna dos *clusters*: como se formam, suas vantagens, e como acontecem os processos de inovação, ação coletiva e desenvolvimento econômico ligados a eles. O dinamismo interno explicaria todo o sistema. O viés econômico tem predominado nas análises, especialmente no referente aos membros do *cluster* (produção, número de empresas, empregos, exportação etc.). Porém poucos estudos analisavam os fatores não econômicos, as ligações externas dos *clusters* (flecha 1 da figura 3) e seu impacto no desenvolvimento local (flecha 2 da figura 3).

Assumia-se que a dinâmica interna do *cluster* era o que explicava quase todos os fenômenos relacionados a ele e sua governança. Entretanto, estudos têm mostrado a importância da relação dos *clusters* e seus membros com atores externos, principalmente as cadeias de valor (Humphrey e Schmitz, 2000, 2002), devido ao aumento da globalização e crescimento das trocas comerciais. Clientes podem afetar a governança dos *clusters* de forma significativa e muitas vezes são o fator principal para explicar as razões pelas quais os *clusters* e seus membros buscam a melhora de processos e produtos.

Outro ponto que merece mais estudo na área de *clusters* é o seu impacto no desenvolvimento local. Assume-se muitas vezes que o desenvolvimento econômico do *cluster* (mais produção, mais empresas, mais receitas para empresas etc.) automaticamente desdobra-se em um melhor desenvolvimento local (*trickle-down*). Porém a conexão entre a dinâmica produtiva dos *clusters* e o desenvolvimento local não acontece diretamente. O desenvolvimento econômico de um *cluster*, como por exemplo o aumento da produção, pode exacerbar problemas locais como o agravamento da poluição, caso a qualidade ambiental não seja controlada. Neste ponto reside uma grande diferença entre os *clusters* dos países desenvolvidos e dos em desenvolvimento. Nos primeiros, o sistema regulatório funciona; assim, o controle da qualidade ambiental, o pagamento de impostos e as questões trabalhistas são controlados, e o crescimento do *cluster* não traz externalidades negativas para a localidade. Porém, nos países em desenvolvimento, as questões de regulação ambiental, trabalhista e econômica são deficientes, acarretando um grande hiato entre crescimento econômico do *cluster* e benefícios locais. Assim, é necessário entendermos melhor como a dinâmica dos *clusters* afeta o desenvolvimento local (flecha 2 da figura 3) e assumir menos que haverá transbordamento automático dos benefícios econômicos do *cluster* para a população e meio o ambiente que o rodeia.

A qualidade dos padrões socioambientais (aqui incluídos qualidade ambiental, condições de saúde e segurança, ações sociais voluntárias, e formalização como pagamento de impostos e formalização trabalhista) dos membros do *cluster* é a chave para um maior desenvolvimento local sustentável. Agentes econômicos seguindo as leis ambientais e trabalhistas (incluindo saúde e segurança) e pagando impostos levam a um maior desenvolvimento local a longo prazo à medida que se desenvolvem. Pode parecer que há um conflito entre seguir os padrões formais de funcionamento de atividades econômicas e seu equilíbrio econômico. Muitos afirmam que a economia seria prejudicada e empresas fechariam as portas se se formalizassem ou cumprissem com as normas ambientais. Porém, os padrões ambientais e trabalhistas mais rigorosos (e alguns dos impostos mais altos) estão exatamente nos países desenvolvidos, e eles têm as empresas mais competitivas. A questão é então como criar sistemas de governança no *cluster* para que haja melhorias contínuas nos padrões socioambientais, e assim um maior desdobramento dos benefícios do *cluster* para a localidade, e um desenvolvimento mais sustentável.

Entretanto, a literatura sobre *clusters* não é muito extensa na análise de padrões socioambientais (Puppim de Oliveira, 2008a). São poucos os artigos que analisam *clusters* sob a perspectiva da sustentabilidade. Talvez porque não exista a preocupação com as questões socioambientais ou trabalhistas nos estudos dos países desenvolvidos, uma vez que assume-se que essas questões são tratadas automaticamente pelo cumprimento da lei, levando ao foco puramente econômico do estudo dos *clusters*. Porém, esse ponto é crucial para os países em desenvolvimento, e a chave para pensar desenvolvimento sustentável em *clusters*. Assim, o objetivo deste livro é começar a entender como as melhorias socioambientais podem direcionar ações que catalisem processos de melhoria do desenvolvimento local sustentável.

Figura 3
Debates sobre *clusters* e ligações com outros debates

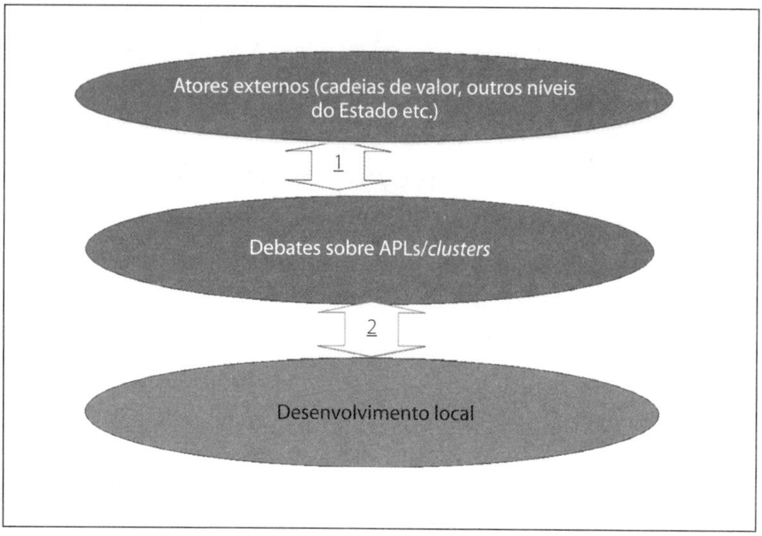

Três arcabouços analíticos surgem para buscar o melhoramento socioambiental dos *clusters* (Puppim de Oliveira, 2008a). O primeiro seria a pressão crescente na cadeia de valor de muitos produtos. Com a crescente demanda dos consumidores por produtos mais sustentáveis e a pressão dos ambientalistas, principalmente nos países desenvolvidos, há uma demanda de melhoramento socioambiental sobre muitas pequenas empresas como condição de que participem da cadeia. No setor de móveis, por exemplo, MPMEs exportadores estão buscando as certificações de sistema de gestão (ISO 14001) e florestal (FSC) por pressão dos clientes europeus e americanos. No setor agrícola, os consumidores mais conscientes preferem os alimentos orgânicos, mesmo que tenham que pagar mais pelo produto. O segundo arcabouço para analisar o melhoramento nas pequenas empresas é o conceito de responsabilidade social empresarial ou corporativa (RSC). Inicialmente adotado pelas grandes empresas, e difundido por sua cadeia de fornecedores, também tem se tornado popular entre as pequenas empresas (Vives, 2006; Puppim de Oliveira, 2008c), principalmente nos países em desenvolvimento onde o Estado deixa de cumprir com muitas das suas obrigações sociais. Finalmente, o terceiro arcabouço analítico engloba o melhoramento pelo cumprimento da legislação. No Brasil, existe uma estrutura legal e de políticas públicas para combater os problemas sociais e ambientais, mas nem sempre, como em muitos países em desenvolvimento, ações são implementadas (Puppim de Oliveira, 2008b). Porém, há o aparecimento de novos atores na área socioambiental, como o Ministério Público, que têm pressionado pelo cumprimento da legislação, muitas vezes quebrando o "pacto com o diabo" (Tendler, 2002), que é uma espécie de acordo político implícito ou explícito entre governos e agentes econômicos para que as legislações socioambientais não sejam aplicadas (tipo, eu "protejo" vocês das leis socioambientais e vocês me apoiam politicamente).

Políticas públicas para melhoramento de APLs poderiam envolver iniciativas para conectar as MPMEs a cadeias que valorizem as questões socioambientais, além de ajudá-las a adaptar seu processo produtivo. Difundir o conceito de RSC também difundiria exemplos e criaria lideranças para avançar com as questões socioambientais nas MPMEs. Em boa parte dos casos a atuação do setor público é de não só obrigar que a legislação se cumpra, mas incentivar e ajudar as empresas para que possam se adaptar para o cumprimento da lei, como apoiar a melhoria tecnológica e conceder financiamento (Almeida, 2005).

O conceito de *cluster* facilita a análise de melhoramento socioambiental nas MPMEs por vários motivos. Como unidade de análise, o *cluster* é o que mais se aproxima para estudar desenvolvimento local em comparação com outras unidades de análise de organização industrial, como empresas, setor ou cadeias. *Cluster* envolve território ou limites geográficos e também fatores e atores não econômicos.

As economias de aglomeração e eficiência coletiva podem também servir para criar mecanismos para o melhoramento socioambiental de *clusters*.

Alguns arcabouços analíticos para beneficiamento de *clusters* podem ser aplicados ao melhoramento social (*social upgrading*). Externalidades e iniciativas para melhorar a eficiência coletiva podem também fomentar o melhoramento social, pois elas podem proporcionar:

> economias de escala — uma solução que pode ser utilizada individualmente por todos, como estações de tratamento de efluentes simplificadas para MPMEs;

- oportunidades para ação coletiva – uma solução que serve para todos e que não é possível inidividualmente, como estações de tratamento de efluentes coletivas;
- desenvolvimento de habilidades especializadas na área socioambiental – empresas podem se especializar em agricultura orgânica ou produtos da biodiversidade;
- potencial para gerar inovação tecnológica – com muitas empresas no mesmo setor e com as mesmas preocupações existe uma probabilidade maior de que uma delas apareça com alguma solução inovadora, como por exemplo o reaproveitamento de algum resíduo;
- difusão de informação e aprendizado – em *clusters* existem redes formais e informais que difundem informações entre as empresas;
- potencial para desenvolvimento de serviços especializados, como firmas de consultoria, gestão de resíduos, treinamento etc.;
- escala de organização de movimentos sociais e legais na área socioambiental – por exemplo, o Ministério Público ganha escala de atuação quando faz pressão sobre várias indústrias ao mesmo tempo e não individualmente.

Porém, um *cluster* pode também gerar limitações para alavancar os melhoramentos socioambientais, como:

- complexidade para encontrar soluções devido ao grande número de atores;
- alto valor dos custos ou investimentos devido à grande escala;
- alto risco de um impacto negativo, o que pode inviabilizar o *cluster* economicamente;
- resistência política ou cumplicidade nos *clusters* para barrar as mudanças, como no caso do cumprimento da lei;
- maior oportunidade para o "pacto com o diabo" (Tendler, 2002).

Essas oportunidades e desafios necessitam de mais pesquisas, de maneira a indicar qual seria a melhor alternativa de ação para políticas públicas.

Abordagem do livro e uso de APLs para estudo de caso

Existe um mito conhecido e recorrente, mas nunca provado, de que as empresas nos países desenvolvidos estão fechando e de que há empregos perdidos devido à competição predatória advinda dos produtos das empresas de países em desenvolvimento que não respeitam normas ambientais, laborais, de saúde e segurança (S&S), e não fazem inovações tecnológicas. Entretanto, a realidade se mostra muitas vezes diferente desse mito. Há várias empresas, incluindo as de pequeno e médio portes, que estão indo além da "corrida ao fundo do poço" (*race to the bottom*), conseguindo colocar produtos de forma competitiva no mercado nacional e internacional, e, além disso, têm atingido bons padrões tanto ambiental, laboral e S&S, quanto de inovação tecnológica.

Por outro lado, existe uma extensa literatura sobre pequenas e médias empresas (PMEs) e seus arranjos produtivos locais (*clusters*), mas essa literatura pouco explica por que e como alguns *clusters* de PMEs conseguem ser competitivos e ao mesmo tempo melhorar sua qualidade ambiental, laboral e S&S, muitas vezes inovando tecnologicamente (Tendler, 2002). Os capítulos deste livro objetivam, através de uma série de estudos empíricos, responder as seguintes perguntas: *como arranjos produtivos locais (APLs), majoritariamente de PMEs, podem colocar produtos de forma competitiva no mercado nacional e internacional e, além disso, atingir bons padrões tanto ambiental, laboral e S&S, quanto de inovação tecnológica? Que projetos e políticas públicas podem apoiar a consolidação desse tipo de APLs?* O Brasil oferece vários *clusters*, muito pouco estudados pela literatura sob essa ótica, que poderiam ser pesquisados para tirar lições e desenhar políticas públicas e empresariais para fortalecê-los.

As justificativas para a abordagem adotada no livro são as seguintes:

- quase não existe literatura que aborde o tema da forma como é apresentado;
- acadêmicos, formuladores de políticas públicas e tomadores de decisão não estão fazendo essas perguntas, apesar de haver um crescente interesse por políticas públicas de incentivo à formação de *clusters*;

30 ▌ Pequenas empresas, arranjos produtivos locais (APLs) e sustentabilidade

▶ mercados de algumas regiões, principalmente da União Europeia, estão cada vez mais preocupados com a regulação de questões sociais, ambientais e laborais nos países em desenvolvimento, o que tem se tornado uma questão essencial para a competitividade internacional de PMEs;

▶ as respostas de nossas perguntas gerarão implicações de políticas públicas diferentes de outras pesquisas e literaturas existentes. O livro pode explicar alguns aspectos importantes da formação de *clusters* e com isso gerar políticas públicas que abordem de forma adequada esses aspectos.

O foco de análise serão os APLs e suas políticas de apoio. Analisaremos sua dinâmica e avaliaremos de que forma as políticas públicas têm ajudado a dinamizar os APLs e consequentemente o desenvolvimento regional. Entre os temas que serão estudados, podemos mencionar os seguintes pontos de análise:

▶ *redes organizacionais que apoiam os APLs;*
▶ *informalidade nos APLs (tributária e laboral);*
▶ *cadeias de suprimentos e mercados em APLs;*
▶ *inovação e aprendizagem;*
▶ *APLs de produtos que agregam valor a matérias-primas e conhecimentos da região.*

Metodologia e etapas de pesquisa

Cada capítulo do livro foi resultado de estudos de caso em vários APLs em projetos de pesquisadores ligados à Ebape/FGV, alguns dos quais se tornaram dissertações. Esses estudos envolveram pesquisa de campo detalhada do funcionamento dos vários APLs, incluindo suas empresas e organizações de suporte, tais como clientes, governos locais (municipal e estadual) e universidades. A pesquisa de campo envolveu coleta de material bibliográfico e dados, e entrevistas semiestruturadas com os principais atores sociais envolvidos com os APLs.

O livro segue com uma série de capítulos que consolidam os resultados dos estudos empíricos sobre APLs e desenvolvimento sustentável no Brasil, abordando casos em várias regiões, como Nordeste, Amazônia, Sul e Sudeste, e finaliza com conclusões. O capítulo 1, "Arranjos produtivos locais como estratégia para o desenvolvimento sustentável do turismo" avalia a influência na sustentabilidade do destino turístico — nas suas dimensões sociais, ambientais e econômicas — da interação entre organizações pertencentes ao arranjo produtivo local da Vila do Abraão, localizada em Ilha Grande, município de Angra dos Reis no estado do Rio de Janeiro. Para tanto foram identificados os problemas locais que obtiveram melhorias significativas (informalidade e gestão de resíduos sólidos), os atores pertencentes ao APL, suas formas de interação e as causas que propiciaram a solução desses problemas, indicando caminhos para a gestão de APLs turísticos.

O capítulo 2 — "Arranjos produtivos locais (APLs) como forma de desenvolvimento local sustentável baseado na agricultura orgânica" — analisa como é desenvolvido e como está organizado o arranjo produtivo local (APL) da produção da agricultura orgânica do município de Petrópolis, no estado do Rio de Janeiro. Descreve como é comercializada a produção agrícola, suas formas de inovação, como estão estruturadas as organizações, como cooperam, as ações coletivas, como é feita a disseminação dos conhecimentos e aprendizagem e, ainda, quais os atores fundamentais no processo de desenvolvimento. O texto procura enumerar políticas e estratégias que possam fomentar e proporcionar mais eficiência aos processos existentes.

"Arranjos produtivos locais nordestinos e práticas de comércio justo" analisa a relação entre exportador e clientes em dois casos de *clusters* orientados para a exportação no Nordeste do Brasil: mel orgânico no Piauí e óleo de babaçu no Maranhão, este segundo uma parceria de FairTrade. Nos dois casos estão presentes componentes de cunho social e ambiental, mas a relação cliente-exportador é diferente levando-os, portanto, a um desenvolvimento diferenciado. No primeiro caso, no Piauí (classificado como *inclusive-oriented exporting approach*), os compradores requerem qualidade e controle de qualidade. Os produtores de mel melhoraram os aspectos de inovação de várias maneiras (em relação às embalagens, controle de qualidade e meios de produção) e se tornaram competitivos para a demanda de seus clientes, ajudando esse *cluster* no seu crescimento. No segundo caso, no Maranhão (classificado como *exclusive-oriented exporting approach*), o cliente (conhecido na literatura sobre comércio justo), a Body Shop, demanda a produção artesanal de óleo de babaçu. Essa prática leva o *cluster* para uma armadilha no processo de inovação e cria vínculos de dependência na relação cliente-exportador. O resultado é uma ausência de valor agregado no produto e uma estagnação no crescimento do *cluster*, como também ausência de inovação no processo de produção e qualidade do produto. Esse capítulo busca entender como a relação entre exportador e cliente pode dirigir a trajetória de um *cluster*.

O capítulo 4 — "Exigências ambientais em arranjos produtivos locais" — apresenta os resultados de uma pesquisa sobre a importância de fatores ambientais na conquista de mercados externos pelo setor de móveis brasileiro, realizada junto aos polos moveleiros de Bento Gonçalves, no Rio Grande do Sul, e São Bento do Sul, em Santa Catarina, que juntos respondem por cerca de 75% das exportações brasileiras. Partindo da constatação de que as principais empresas exportadoras encontram-se concentradas em áreas que passaram a ser caracterizadas como arranjos produtivos locais (APLs), os autores procuraram investigar em que medida a organização desses arranjos influencia o aumento de exportações e a adoção de medidas de caráter ambiental pelas empresas.

O capítulo seguinte — "*Clusters* de micro, pequenas e médias empresas na área de produtos regionais" — mostra que o fomento de *clusters* na área de produtos regionais representa uma estratégia alternativa econômica futura para a Zona Franca de Manaus (ZFM) e o resto da Amazônia ocidental. Além dos fundamentos teóricos relacionados aos *clusters* e polos de desenvolvimento, o texto baseou-se também nas evidências empíricas de quatro empresas de Manaus que operam com produtos regionais amazônicos. Conclui que estratégias econômicas para exploração das potencialidades regionais podem levar ao desenvolvimento de *clusters* de indústrias baseadas na biodiversidade da região que usará matéria-prima local e conhecimento. Dessa maneira, as estratégias de desenvolvimento sustentado podem trazer de volta muitos benefícios à região amazônica e contribuir para a diversificação da atual base industrial da ZFM.

O capítulo 6 — "Atuação ambiental em distritos industriais" — mostra como, historicamente, a estruturação de distritos industriais em áreas geográficas delimitadas nas cidades é resultante de uma tendência da política econômica em voga em meados do século passado no mundo, e também no Brasil, que visava à localização das indústrias em locais afastados dos centros urbanos. Embora possa ser vislumbrada nessa política uma primeira preocupação com a melhoria ambiental das cidades, essa preocupação foi, basicamente, no sentido de afastar da população urbana os elementos geradores de impactos ambientais, não tendo como foco a adoção de medidas para diminuir a geração da poluição. Com o passar do tempo, o fator ambiental passou a ser uma preocupação importante na gestão das empresas localizadas em distritos industriais. Essa pesquisa, realizada junto ao Ecopolo do Distrito Industrial Fazenda Botafogo, no Rio de Janeiro, procurou identificar fatores que fazem com que em um mesmo distrito industrial haja empresas que atuam em gestão ambiental e outras não. Ao mesmo tempo em que revela a inexistência de mecanismos estruturados capazes de permitir a busca de soluções ambientais através de sinergias entre as empresas no distrito. A identificação de fatores que indiquem a escolha por determinadas atitudes em relação à gestão ambiental poderá gerar implicações de políticas públicas diferentes das atualmente adotadas para distritos e formas similares de arranjos locais.

Referências bibliográficas

ALMEIDA, Mansueto. *Lessons of upgrading and development in Northeast Brazil*: understanding incentives for informal firms to control for pollution. Ipea, 2005. (Working Papers).

ALTEMBURG, T.; MEYER-STAMER, J. How to promote clusters: policy experiences from Latin America. *World Development*, v. 27, n. 9, p. 1693-1713, 1999.

AMARAL FILHO, J. do et al. Núcleos produtivos e arranjos produtivos locais: casos do Ceará. In: SEMINÁRIO INTERNACIONAL POLÍTICAS PARA SISTEMAS

PRODUTIVOS LOCAIS DE MPME. Rio de Janeiro, Mangaratiba: Redesist, 11/13 mar. 2002.

AMORIM, M. Alves. *Clusters como estratégia de desenvolvimento industrial no Ceará*. Fortaleza: Banco do Nordeste, 1998.

BELL, M.; ALBU, M. Knowledge systems and technological dynamism in industrial clusters in developing countries. *World Development*, v. 27, n. 9, p. 1715-1734, 1999.

BRUSCO, S. The idea of the industrial district: its genesis. In: PYKE, F. et al. *Industrial districts and inter-firm cooperation in Italy*. Geneva: International Institute of Labour Studies, 1990. p. 10-19.

BUITELAAR, Rudolf M. *Cómo crear competitividad colectiva?* Santiago: Cepal, 2000. ms.

CARDOSO, F. H. Nova política industrial: desenvolvimento e complexidade. Brasília:Presidência da República, 1998.

CARVALHO, Marco Aurelio Duarte de. *Instrumentos de apoio financeiro específicos a empresas localizadas em arranjos produtivos locais*: um estudo de caso do APL de Nova Friburgo. 2005. Dissertação (Mestrado) – Escola Brasileira de Administração Pública e de Empresas, Fundação Getulio Vargas, Rio de Janeiro.

CNI (Confederação Nacional da Indústria). *A importância do design para a sua empresa*. Brasília, 1998.

COOKE, P.; MORGAN, K. *The associational economy*: firms, regions and innovation. Oxford: Oxford University Press, 1998.

COUTINHO, Gisela Aguiar Soares. *As mudanças da cadeia produtiva têxtil em Valença-RJ*: das indústrias do setor de tecidos para o APL do setor de confecções. 2007. Dissertação (Mestrado) – Escola Brasileira de Administração Pública e de Empresas, Fundação Getulio Vargas, Rio de Janeiro.

FAVER, Leonardo Ciuffo. *Agricultura orgânica*: fatores relevantes para sustentabilidade. 2004. Dissertação (Mestrado) – Escola Brasileira de Administração Pública e de Empresas, Fundação Getulio Vargas, Rio de Janeiro.

FORTES, Paulo Jordão de Oliveira Cerqueira. *Melhorias em arranjos produtivos locais*: dois estudos de caso nordestinos. 2007. Dissertação (Mestrado) – Escola

Brasileira de Administração Pública e de Empresas, Fundação Getulio Vargas, Rio de Janeiro.

HUMPHREY, J.; SCHMITZ, H. *Governance and upgrading*: linking industrial cluster and global value chain research. Brighton: Institute of Development Studies, University of Sussex, 2000. (IDS Working Paper, 120).

_____; _____. How does insertion in global value chains affect upgrading in industrial clusters? *Regional Studies*, v. 36, n. 9, p. 1017-1027, 2002.

KRUGMAN, P. R. *Development, geography, and economic theory*. Cambridge, Massachusetts: MIT Press, 1995.

LASTRES, Helena M. M.; CASSIOLATO, José E.; MACIEL, Maria Lúcia (Orgs.). *Pequena empresa*: cooperação e desenvolvimento local. Rio de Janeiro: Relume-Dumará, 2003.

MARKUSEN, Ann. The interaction between regional and industrial policies: evidence from four countries (Korea, Brazil, Japan, and the United States). In: ANNUAL WORLD BANK CONFERENCE ON DEVELOPMENT ECONOMICS. 1994. *Proceedings...* Washington: World Bank, 1995. p. 279-298.

_____. Sticky places in slippery space: a typology of industrial districts. *Economic Geography*, n. 72, p. 293-313, 1996.

MARSHALL, A. *Princípios de economia*. Tradução de Ottolmy Strauch. 8. ed. São Paulo: Nova Cultural, 1985. v. I.

MARTIN, Ron; SUNLEY, Peter. Deconstructing clusters: chaotic concept or policy panacea? *Journal of Economic Geography*, n. 3, p. 5-35, 2003.

OCDE (Organização para a Cooperação e o Desenvolvimento Econômico). *The exchange fair of the world congress on local clusters*. Paris: OCDE/Datar/CEE, 2001.

PIORE, M. J.; SABEL, C. F. *The second industrial divide*: possibilities for prosperity. New York: Basic Books, 1984.

PORTER, Michael E. Clusters and the new economics of competition. *Harvard Business Review*, Boston, v. 76, n. 6, p. 77-90, Nov./Dec. 1998.

PUPPIM DE OLIVEIRA, José Antônio (Org.). *Upgrading clusters and small enterprises in developing countries*: environmental, labour, innovation and social issues. Hampshire, UK: Ashgate, 2008a.

_____. *Implementation of environmental policies in developing countries*. Albany, NY: State University of New York, Suny Press, 2008b.

_____. *Empresas na sociedade*: sustentabilidade e responsabilidade social. Rio de Janeiro: Elsevier, 2008c.

PYKE, F.; BECATTINI, G.; SENGENBERGER, W. *Industrial districts and interfirm co-operation in Italy*. Geneva: International Institute for Labour Studies, 1990.

RABELLOTTI, R.; SCHMITZ, H. The internal heterogeneity of industrial districts in Italy, Brazil and Mexico. *Regional Studies*, n. 33, p. 97-108, 1999.

SAMPAIO, Rafael Santos. *Estratégias para a superação de problemas locais à Vila do Abraão e sua relação com o desenvolvimento sustentável do turismo*. 2005. Dissertação (Mestrado) – Escola Brasileira de Administração Pública e de Empresas, Fundação Getulio Vargas, Rio de Janeiro.

SANTOS, Fábio Cardoso dos. *A influência da exportação no desenvolvimento de arranjos produtivos locais de moda no estado do Rio de Janeiro*. 2006. Dissertação (Mestrado) – Escola Brasileira de Administração Pública e de Empresas, Fundação Getulio Vargas, Rio de Janeiro.

SAXENIAN, Annalee. *Regional advantage*: culture and competition in Silicon Valley and Route 128. Cambridge: Harvard University Press, 1994.

SCHMITZ, H. On clustering of small firms. *IDS Bulletin*, v. 23, n. 3, p. 64-69, July 1992.

_____. Small shoemakers and fordist giants: tale of a supercluster. *World Development*, v. 23, n. 1, p. 9-28, 1995.

_____. *Collective efficiency and increasing returns*. Brighton: IDS, 1997. (IDS Working Paper).

_____; NADVI, K. Clustering and industrialization: introduction. *World Development*, v. 27, n. 9, p. 1503-1114, 1999.

SILVA, João Carlos Paiva da. *Clusters de pequenas e médias empresas na área de produtos regionais*: uma estratégia alternativa de desenvolvimento industrial sustentado na Zona Franca de Manaus. 2003. Dissertação (Mestrado) — Escola Brasileira de Administração Pública e de Empresas, Fundação Getulio Vargas, Rio de Janeiro.

SOUZA, Marcos Batista de. *Clusters como estratégia de desenvolvimento de pequenas e médias empresas*: um estudo exploratório do caso moveleiro do município de Colatina — ES. 2004. Dissertação (Mestrado) — Escola Brasileira de Administração Pública e de Empresas, Fundação Getulio Vargas, Rio de Janeiro.

SUZIGAN, W. Aglomerações industriais: avaliação e sugestões de políticas. In: *Futuro de indústria*: oportunidades e desafios, a reflexão da universidade. Brasília: Ministério do Desenvolvimento, Indústria e Comércio Exterior, Instituto Euvaldo Lodi, 2001. p. 49-67.

TENDLER, J. Small firms, the informal sector, and the Devil's deal. *IDS Bulletin*, v. 33, n. 3, July 2002.

_____; AMORIM, M. A. Small firms and their helpers: lessons and demand. *World Development*, v. 24, n. 3, p. 407-426, 1996.

UNIDO (United Nations Industrial Development Organization). *Development of clusters and networks of SMEs*. Vienna: The Unido Programme, 2001.

VIVES, A. Social and environmental responsibility in small and medium enterprises in Latin America. *Journal of Corporate Citizenship*, n. 21, p.39-50, Spring 2006.

1

Arranjos produtivos locais como estratégia para o desenvolvimento sustentável do turismo: lições de Vila do Abraão

Rafael Santos Sampaio

A atividade turística por si é predominantemente composta por micro e pequenas empresas que, trabalhando organizadas em torno de um atrativo turístico, formam um produto turístico que é composto pela soma dos serviços consumidos pelo turista durante sua estada no destino. Podemos dizer que hotéis, restaurantes, transportes turísticos, agências de viagem e operadoras de turismo conectam-se em uma rede de serviços, que, juntos, compõem a experiência usufruída pelo cliente final – o turista.

Desse modo as empresas atuantes nesse setor podem ser classificadas como participantes de um arranjo produtivo local (Moura, 2004) e, aproveitando a sinergia entre elas e seu respectivo grau de maturidade, poderiam desfrutar de vantagens competitivas ou comparativas importantes para a sustentabilidade do destino. Este último tópico (sustentabilidade) vem sendo debatido intensamente (Liu, 2003; Puppim de Oliveira, 2005; Eccles, 1995) e esforços vêm sendo realizados no mundo inteiro visando estabelecer normas e leis para essa atividade, de modo a propor uma forma de turismo mais aderente ao conceito de sustentabilidade (WTO, 2003; Rebollo e Baidal, 2003).

Defende-se que a sustentabilidade deve ser analisada sob dimensões amplas (Liu, 2003; WTO, 2003) e sugere-se que indicadores para a análise do destino sobre a ótica da sustentabilidade devem levar em consideração pressões que podem desequilibrar o crescimento econômico, a preservação ambiental e a equidade social (Rebollo e Baidal, 2003). A questão da sustentabilidade deve estar ainda relacionada com a forma de como a atividade é ordenada e com o modo de participação do setor privado e público (Horobin e Long, 1996; Halme, 2001; Halme e Fadeeva, 2000).

Este capítulo discorre sobre a forma de organização da atividade turística sob a ótica de arranjos produtivos locais (APLs), trazendo à luz a questão da sustentabilidade e sua relação com o nível de interação entre atores, de dentro e de fora do APL. Analisa-se a organização do *cluster* como movimento fundamental para que se verifique a superação dos problemas locais, utilizando o caso de Vila do Abraão (Sampaio, 2005).

Organização da atividade turística

O turismo é um fenômeno social, produto da sociedade pós-industrial, marcado eminentemente como um setor de prestação de serviços. A exemplo de muitas outras atividades, o turismo interage com diversos outros setores da economia e desencadeia um processo de irradiação de benefícios que ultrapassam seu limite de atuação. O turismo traz consigo oportunidades diretas nas atividades de hospedagem, alimentação, transporte, operação turística, comércio e, indiretamente, para todos os serviços fornecedores dessas atividades e demais serviços de apoio ao turista (bancos, correios, saneamento e tantos outros).

O crescimento acelerado da atividade turística claramente a posiciona como um dos fenômenos econômico-sociais mais marcantes desde o período pós-guerra. De 1950 a 2002 observa-se o crescimento do deslocamento de pessoas pelo globo na ordem de 6,6%. Em 2002, a atividade turística assumiu a quarta posição no ranking mundial de exportação de produtos e serviços, com uma participação de 7% nesta. Quando relacionado com o produto interno bruto, o turismo tem apresentado taxas de crescimento 1,3 vez superior a este (Unctad, 1998).

A importância econômica dessa atividade para o Brasil está representada pela quantidade de turistas internacionais que recebemos, ano a ano, e pelas divisas geradas através dessa atividade. Percebe-se um crescimento mais significativo a partir de 1998, e que a receita obtida por esta atividade cresceu em média 7,60% ao ano se considerarmos o período 1994-2003. Quando essa taxa de crescimento é comparada ao crescimento médio do PIB durante o mesmo período, observamos uma taxa de 0,48% (Embratur, 2004), demonstrando assim a importância da contribuição dessa atividade para o desenvolvimento da nação.

Sob o ponto de vista social, o turismo no Brasil foi responsável por 4,83% dos empregos em 2001 e emprega em média 1 milhão de pessoas por ano. A capacidade de geração de empregos dessa atividade pode ser exemplificada pela comparação das receitas do turismo com o volume de empregos gerados entre 1996 e 2001. Nesse período, verifica-se um aumento médio da arrecadação com o turismo de 11,14%, enquanto os empregos cresceram 6,67%, demonstrando uma boa relação entre o crescimento do setor e seu potencial como gerador de empregos (Embratur, 2004).

Durante o primeiro governo do presidente Lula foi concedido um ministério exclusivo ao turismo. Esse fato representou um marco no desenvolvimento do setor por propiciar melhores condições políticas para a atividade e, consequentemente, dar representação ao conjunto de profissionais e empresários que atuam na área. Criou-se, ainda, no ministério, o Plano Nacional de Turismo, planejando e organizando a atividade.

O Plano Nacional de Turismo apresenta uma inovação em relação ao modelo de planejamento dessa atividade no Brasil. Ao passo que reforça a proposição de uma gestão descentralizada, traz a unidade de planejamento para o nível dos estados e busca que eles incentivem seus municípios a constituírem roteiros e produtos turísticos integrados. Similarmente, o governo federal propõe-se a constituir produtos turísticos integrados entre estados. Surge como elemento-chave nesse processo o estabelecimento de cooperação política entre prefeitos e governadores, ao mesmo tempo em que aproxima e integra iniciativas privadas. Esse plano está fortemente calcado na perspectiva de que a constituição do produto turístico deve ser preferencialmente desenvolvida por APLs ou por regiões como nele denominado.

Cadeia produtiva do turismo e o produto turístico

Toda a cadeia produtiva dessa atividade está organizada a partir de um atrativo turístico, cultural, ambiental ou de outra categoria. Nesse sentido, a atividade turística é vista como consumidora de recursos e, portanto, deveria ser planejada de modo a minorar seus impactos negativos e prover sustentabilidade para futuras gerações. Por outro lado, defende-se que o turismo possa ser uma ferramenta de desenvolvimento nacional, sobretudo para países emergentes. Os argumentos centrais estão associados ao baixo custo de geração de emprego, velocidade de desenvolvimento e possibilidade de preservação ambiental e histórico-cultural através do uso disciplinado (Unctad, 1998).

A capacidade e o potencial multiplicador da atividade turística podem ser mais bem compreendidos se analisarmos essa atividade sob a ótica de cadeias produtivas. Alguns segmentos constituem importantes elos para essa cadeia (Moura, 2004). São eles: as agências de viagem e organizadores de turismo, os meios de transporte, os meios de hospedagem, as modalidades de alimentação e os chamados segmentos especiais, que absorvem atividades ligadas ao lazer, esportes e cultura.

Outras análises sobre a organização da atividade turística foram realizadas, destacando-se a análise estrutural do turismo – modelo Sistur (Beni, 2003) a partir da aplicação da teoria dos sistemas à atividade turística. Entre todas as análises observa-se a presença importante de uma estrutura institucional composta por entes governamentais, instituições de fomento, educação e promoção do bem-estar social.

Da análise dessa cadeia produtiva fica evidente que o produto turístico é composto da interação entre as empresas dos segmentos da cadeia. A experiência de consumo associada ao turismo depende de uma interconexão entre a empresa organizadora de viagens, da forma de transporte ao destino, de bons serviços de hospedagem, infraestrutura estabelecida de serviços de alimentação (sobretudo restaurantes) e atividades de lazer bem-organizadas. Dessa teia construída entre empresas do setor surge o chamado "pacote" turístico, que é objeto de comercialização por parte dos agentes de viagem, ou que encanta o imaginário dos consumidores em propagandas bonitas de promoção do destino.

Da necessidade de complementação de serviços entre diversas empresas para a satisfação do turista, da natural competição existente por melhor desempenho econômico das empresas, da grande concentração de empresas de micro e pequeno portes nessa atividade e aliado ao fato já mencionado do turismo desenvolver-se ao entorno de um atrativo turístico, faz-se mister avaliar o desenvolvimento dessa atividade através de arranjos produtivos locais. Compreende-se que essa forma de organização da atividade turística facilite a superação de problemas locais do destino relacionados à sua sustentabilidade. Problemas que não poderiam ser resolvidos caso não emergisse um APL, como veremos a seguir no caso de Vila do Abraão.

Sustentabilidade do turismo

A sustentabilidade da atividade é, inegavelmente, um importante objeto de análise. A preocupação com as mudanças climáticas globais, a degradação dos recursos naturais e históricos, o aumento dos níveis de poluição observados associados com a má distribuição de renda entre classes e entre países levaram o mundo a observar com maior atenção a questão do desenvolvimento sustentável. Os debates em torno do que poderia ser considerado uma forma de turismo mais responsável tiveram como pano de fundo as discussões sobre desenvolvimento sustentável, que paulatinamente ampliaram a compreensão do conceito de turismo sustentável (Swarbrooke, 2000).

Em torno desse assunto um conjunto de autores discutiu e ampliou a questão da sustentabilidade em diversos caminhos (Liu, 2003; Eccles, 1995; Rebollo e Baidal, 2003; Halme e Fadeeva, 2000). Apesar de haver divergências, existem muitos pontos comuns que permitem a conclusão de que o turismo causa impactos negativos que precisam ser minorados e que este deve satisfazer às necessidades do presente sem, contudo, comprometer a possibilidade das futuras gerações satisfazerem suas próprias necessidades. Explicitamente essa atividade não deverá comprometer (ou minorar) recursos naturais, o tecido sociocultural e agregar sustentabilidade econômica tanto para o presente quanto para gerações futuras.

Apesar dessa concepção de gestão da atividade turística ser geralmente denominada "sustentável", preferimos a expressão "responsável", pois entendemos que, na sua essência, o turismo não está livre de impactos negativos, premissa diversa da contida no primeiro termo.

Planejar o turismo passa a ser uma atividade ainda mais complexa, sobretudo se as definições e teorias de sustentabilidade forem transpostas para a sua prática. Conduzir gestores do turismo a desenvolver destinos turísticos com esse conceito implicaria definir e evidenciar formas de avaliar empiricamente a sustentabilidade da atividade turística nesses três eixos: econômico, sociocultural e ecológico.

Avaliar o grau de sustentabilidade da atividade turística tem sido um desafio para a comunidade acadêmica, governantes e organizações do setor. O foco da sustentabilidade ora é colocado nas empresas atuantes no setor e, portanto, um destino com empresas que adotem práticas responsáveis deverá ter uma forma de turismo mais responsável (Horobin e Long, 1996). No Brasil essa discussão ganhou corpo com a instalação de um projeto de certificação do turismo para empresas, liderado pelo Instituto de Hospitalidade e em consonância com a Organização Mundial do Turismo, chamado Programa de Certificação do Turismo Sustentável (PCTS). Por outro lado, entende-se que estão presentes no destino turístico interesses econômicos, ambientais e socioculturais que pressionam a atividade turística quanto à sua sustentabilidade (Rebollo e Baidal, 2003; WTO, 2003).

O projeto Metasig desenvolvido pelo Instituto Universitário de Geografia da Universidade de Alicante, na Espanha (Rebollo e Baidal, 2003), é uma referência na determinação de indicadores para o nível de sustentabilidade do turismo em uma área geográfica delimitada como um destino turístico de massa. O sistema de indicadores proposto no projeto está baseado na identificação da existência de determinadas pressões sobre a atividade. Pressão sobre a preservação ambiental, o crescimento econômico e sobre a justiça social. Para mensurar essas pressões, construiu-se um conjunto de indicadores que funcionasse como *proxy* para esse conceito e eles foram reunidos em quatro grupos inter-relacionados: modelo de uso do território, indicadores de pressão, indicadores de qualidade, indicadores de resultados políticos e sociais.

A sustentabilidade de destinos é objeto de estudo e orientação por parte da World Trade Organization (WTO) através de dois instrumentos: o código global de ética para o turismo (WTO, 1999) e as recomendações a governos para o estabelecimento ou adoção de sistemas nacionais de certificação do turismo sustentável (WTO, 2003). Ambos os instrumentos consideram a abordagem do assunto sustentabilidade por meio de um olhar amplo que trafega entre os conceitos de crescimento econômico, preservação ecológica, diversidade cultural, redução da pobreza e promoção da paz. Enquanto o código de ética preocupa-se em estabelecer um conjunto de princípios consentidos entre os membros da WTO, a recomendação do sistema nacional de certificação do turismo sustentável prescreve um conjunto de itens a serem executados e observados quando da avaliação da sustentabilidade do turismo.

Nas orientações para a implementação de um sistema nacional de certificação quanto ao nível de sustentabilidade do turismo (WTO, 2003), estabelece-se a divisão de indicadores agrupando-se as informações em três grupos: ambientais, econômicas e sociais. Para cada um desses grupos um conjunto de possíveis indicadores é sugerido, ficando a cargo do país interessado em implementar esse sistema escolher um conjunto de indicadores adequados à sua atual situação e que representem com um razoável grau de fidelidade o grau de sustentabilidade da atividade.

Nota-se nesse trabalho um conjunto de pontos em comum com o trabalho desenvolvido durante o projeto Metasig (Rebollo e Baidal, 2003). Como indicadores ambientais podemos destacar: as práticas de gestão, estudos de impacto ambiental, utilização territorial, saúde, segurança, uso de recursos naturais (como água, energia, qualidade do ar, níveis de barulho etc.), impacto visual do estabelecimento da infraestrutura turística, entre outros.

Como indicadores sociais são relacionados: a quantidade de empregos locais, programas educacionais, políticas e gestão pública social, conservação da cultura regional e seu patrimônio, sistemas de satisfação da comunidade e dos turistas e melhorias de infraestrutura úteis à população entre outros itens a observar. No eixo econômico destaca-se a criação de novos postos de trabalho, suprimento da cadeia produtiva através de fornecedores locais que utilizem práticas sustentáveis, criação de redes de negócios "amigos" da natureza e uso do marketing de forma responsável.

Em todas as iniciativas analisadas verifica-se a concordância entre três eixos de sustentabilidade: econômico, sociocultural e ecológico. Admite-se ainda que não seja possível avaliar os impactos dessa atividade de modo homogêneo entre destinos e que essa avaliação depende do processo histórico em que o destino se desenvolveu e do grau de envolvimento entre os empresários (WTO, 2003; Halme e Fadeeva, 2000; Horobin e Long, 1996).

A seguir vamos encontrar quais foram os avanços obtidos no caminho para um turismo mais responsável, através da interação entre MPEs do setor de turismo da Vila do Abraão nesses mesmos três eixos identificados e amparados pelas informações obtidas diretamente na pesquisa de campo realizada na ilha.

Arranjos produtivos locais turísticos

O papel do empresário diante do desafio da sustentabilidade desempenha um fator crítico para a atividade. Se encarada sob a perspectiva de uma atividade consumidora dos recursos necessários para a sua existência, ela estaria ameaçada de extinção. Se planejada e administrada de modo a respeitar as pressões antes expostas poderá constituir diferenciais competitivos importantes para o destino turístico. Alguns estudos apontam que os pequenos empresários reconhecem a importância específica da preservação do meio ambiente, ainda que não tenham sido capazes de entender seu papel nesse contexto (Horobin e Long, 1996). Alguns casos de desenvolvimento de *clusters* de turismo no Brasil foram relatados e seus efeitos estudados e documentados academicamente (Moura, 2004).

Para o entendimento das discussões acerca do estabelecimento e melhoramento de APLs turísticos e sua relação com uma forma de atuação do turismo mais responsável, dedicamos esta seção a relatar, através dos estudos de Halme e Fadeeva (2000), Moura (2004), Palmer (2002) e Kokkranikal e Morrison (2002), os principais problemas discutidos nessa área e que em alguns momentos complementam os debates mantidos para a área de APLs e em outros explicitam os contornos específicos e soluções encontradas por *clusters* do setor de turismo.

A correlação entre APLs de turismo com a prática de uma forma de turismo mais responsável é objeto de estudo em uma pesquisa que utilizou a metodologia de *ground research* em oito redes de turismo em quatro países europeus (Halme e Fadeeva, 2000). Todas essas redes de turismo envolviam os setores público e privado, além de empresas, autoridades e, ocasionalmente, grupos representando a sociedade civil. Essa pesquisa apurou que os APLs estudados contribuíam para a sustentabilidade do destino de formas diferentes, mas sobretudo possibilitavam: maior capacidade de viver de acordo com princípios próprios, capacidade de resolução de problemas locais com maior independência e, finalmente, segurança sobre a possibilidade de viver no destino no presente e no futuro.

Cabe ressaltar que para as pequenas e micro empresas esse mesmo estudo identificou os seguintes benefícios decorrentes do fato de pertencerem a APLs turísticos:

- maior acesso à informação;
- capacidade de influenciar decisões em esferas fora do ambiente controlado pelas empresas (exemplo: decisões governamentais);
- melhoria de imagem;
- vantagem competitiva;
- otimização de recursos e possibilidade de economia de custos.

O segundo estudo citado avalia a conexão entre os elos da cadeia produtiva do turismo e a composição dos atores empresariais presentes no APL turístico. Sugere-se que os elos dessa cadeia produtiva poderão constituir os atores fundamentais do APL, apesar de reconhecer-se que importantes atores dessa cadeia produtiva possam estar fora da delimitação geográfica do APL, como, por exemplo, grandes empresas operadoras e promotoras do turismo internacional, deixando o estudo da relação entre agentes externos e o APL como um interessante ponto de pesquisa. O trabalho realizado sobre o APL turístico de São Luís do Maranhão (Moura, 2004) nos indicou um ponto de referência que, conjuntamente com o modelo Sistur (Beni, 2003), permitiu uma maior compreensão sobre a configuração da cadeia produtiva do turismo e das relações das organizações entre si. Esse referencial é utilizado no caso estudado, em conjunto com o modelo de APL empregado (Amorim, 1998), derivando o modelo de APL turístico encontrado nesse caso (figura).

Igualmente a outros setores, essa atividade também encontra barreiras para a entrada em novos mercados. A atividade turística demanda a promoção dos destinos em diferentes países ou regiões nacionais para que a captação de turistas seja realizada de acordo com os interesses da localidade. Como em outros setores em que empresas cooperam para colocar seus produtos no mercado, no turismo percebe-se uma movimentação nesse sentido, objetivando a cooperação em torno da promoção do destino turístico e da captação de eventos através de associações cooperativas de marketing turístico, que em alguns casos tomou a forma dos Convention & Visitors Bureau. No estudo (Palmer, 2002) realizado em 13 associações de marketing turístico no Reino Unido, identificaram-se como itens de maior significado para o sucesso da atividade cooperada os seguintes, em ordem de importância: estruturas formais de governança, alto nível de comprometimento e participação de atores representando diversos grupos de interesse.

A relação entre o empreendedorismo, o desenvolvimento sustentável e a ação do governo local é o objeto de análise do quarto estudo selecionado (Kokkranikal e Morrison, 2002). A discussão concentra-se na criação de diferenciais competitivos para localidades turísticas por meio de iniciativas que atentem para o equilíbrio sustentável em suas três dimensões. Sob esse aspecto destaca-se a necessidade de envolvimento da comunidade local, da presença do empreendedor e do apoio por parte do governo de ações à iniciativa pioneira de transformar os típicos barcos hindus em um produto turístico inovador. Após um declínio na atividade turística na Índia, um empreendedor idealizou junto com a comunidade hindu um tipo de embarcação que poderia ser utilizada para fins turísticos, proporcionando ao visitante uma experiência única ao cruzar o sistema fluvial de Kerala a bordo de embarcações hindus e dormindo nelas por dias seguidos. Esse produto turístico recebeu o apoio do governo, que criou uma marca para a sua promoção (*Houseboats of Kerala*) e uma ampla campanha de marketing para ele. Não só houve a atração de novos turistas, mas também a revitalização das indústrias tradicionais e atividades artesanais, fortalecendo o sistema social local e suas tradições culturais. Essa região da Índia vivenciou uma nova fase de crescimento e indicou para a comunidade acadêmica e gestores públicos um caminho alternativo para o desenvolvimento do turismo de uma forma mais responsável.

Os pontos analisados nesta seção referem-se a uma combinação das discussões recentes na área de turismo, desenvolvimento sustentável e arranjos produtivos locais, procurando-se com pesquisas empíricas demonstrar a convergência e a aplicabilidade dessas discussões, compondo uma base teórica e sendo o ponto de partida para seguirmos analisando o caso de Vila do Abraão e tecendo considerações finais na seção seguinte.

Vila do Abraão: sua história e seus contornos

A Ilha Grande, ao longo dos anos, vivenciou diversos cenários histórico-econômicos. Descoberta em 1502, em 1871 foi construído na ilha o primeiro leprosário do país, batizado de Lazareto, tornando-a parada obrigatória de navios negreiros que ali deixavam os escravos doentes. Após a Lei Áurea, em 1888, a ilha, que já havia sido ponto de abastecimento para a rota de contrabando de ouro e prata, passou a servir como ponto de tráfico de escravos. O contraste entre o que é legal e ilegal permeará a história da Ilha Grande até os dias atuais (Cypriano, 2001).

Durante o governo do marechal Floriano Peixoto (1891-94), o presídio de Fernando de Noronha foi transferido para o Lazareto, já desativado da sua função original. Este foi utilizado como uma cadeia de presos políticos, hospedando os praças e oficiais que participaram da Revolta da Marinha. No governo de Getúlio Vargas, a ilha recebeu mais presos políticos, só que dessa vez em uma colônia agrícola na baía de Dois Rios. Inaugura-se a Colônia Penal Candido Mendes, que recebeu presos políticos como Graciliano Ramos (autor de *Memórias do cárcere*) e que, em 1941, foi transformada no Instituto Penal Candido Mendes, com a construção do complexo penitenciário. O antigo presídio Lazareto foi dinamitado e após os anos de 1964 o presídio Candido Mendes voltou a receber os presos políticos, que ficavam junto com os criminosos comuns. Propiciado pelos elementos presentes no Caldeirão do Diabo (como era conhecido o presídio), surgiu no seu interior (em 1979) a organização Comando Vermelho (CV) e mais tarde a ilha apareceu na mídia como o palco da fuga cinematográfica de helicóptero do traficante "Escadinha", um dos líderes dessa facção. Em 1994, os presos foram transferidos para a Penitenciária de Vicente Piragibe (Bangu) e, por ordem do governo do estado, o prédio principal do presídio foi destruído (Cypriano, 2001).

Reconhecendo o potencial ecológico de Ilha Grande criaram-se:

- o Parque Estadual da Ilha Grande (Peig), com 5.960 hectares, sob a administração do Instituto Estadual de Florestas (IEF);
- a Reserva Biológica da Praia do Sul (RBPS), com 3.600 hectares, sob a responsabilidade da Fundação Estadual de Engenharia do Meio Ambiente (Feema);
- a Área de Proteção Ambiental dos Tamoios, sob administração estadual;
- o Parque Estadual Marinho do Aventureiro (Pema).

Localizada ao sul do estado do Rio de Janeiro, a 150 km da cidade do Rio de Janeiro, por onde passam 40% dos turistas internacionais que entram no Brasil, e a 400 km de São Paulo, maior polo emissor de turistas domésticos. Com 193 km² é a segunda maior ilha oceânica brasileira, com 155 km de litoral, 106 praias e um dos maiores remanescentes de Mata Atlântica do estado do Rio de Janeiro (MPE, 2004). Sua principal via de entrada (Vila do Abraão) está a cerca de 20 km das principais cidades de acesso no continente (Angra dos Reis e Mangaratiba). O município de Angra dos Reis tem uma população de 119.247 habitantes, segundo o censo demográfico realizado em 2000 pelo IBGE. Estima-se que a população atual de Ilha Grande seja de 4.400 habitantes, com grande concentração na Vila do Abraão. A Prefeitura Municipal de Angra dos Reis indica 82.486 eleitores distribuídos no município em duas zonas de votação.

Turismo: surge um novo vetor para o desenvolvimento

Os anos de relativo isolamento impostos pela presença do presídio de segurança máxima, apesar da consequência social, favoreceram esse grande potencial turístico que permaneceu praticamente adormecido até cerca de 10 anos atrás. Nos últimos anos, Ilha Grande vem se destacando como um destino turístico procurado e o contingente de visitantes tem aumentado, indicando a chegada de um novo ciclo econômico para a ilha.

A Vila do Abraão, também conhecida como a "capital da ilha", representa a porta de entrada para a localidade e principal eixo econômico e grande concentrador de meios de hospedagem para turistas (Prado, 2003). O rápido surgimento do turismo em Ilha Grande resultou na utilização dos recursos naturais e sociais — objetos dessa atividade — sem o devido planejamento, resultando em diversas consequências negativas. Para enfrentar o problema da degradação ecológica, a sociedade civil uniu-se através da criação da fundação do Comitê de Defesa de Ilha Grande (Codig) em 2000. Esse comitê, no mesmo ano, elaborou e apresentou ao governo do estado um documento chamado "Manifesto em defesa da Ilha Grande", assinado por 5.500 pessoas (IVT, 2003).

O inventário turístico realizado pelo grupo de estudo do programa de Melhores Práticas do Ecoturismo, do Funbio, em 2002, destacou que a ilha possui mais de 9 mil leitos que, se operados a plena capacidade, poderiam hospedar mais de 1 milhão de pessoas por ano. Igualmente, os barcos responsáveis pelo translado entre o continente e a ilha têm a capacidade de transportar até 1,5 milhão de pessoas. Com base nos dados encontrados, esse grupo de estudo computou 359 mil visitantes anuais dos quais somente 114 mil pernoitam e, portanto, poderiam ser considerados turistas segundo os critérios da Organização Mundial de Turismo. Cabe ressaltar que a ocupação média nas pousadas da ilha encontra-se por volta da faixa de 20% ao ano (MPE, 2004).

A atividade turística de Ilha Grande está organizada em torno dos atrativos naturais lá encontrados. As empresas, instituições e demais organizações vivem do turismo ou para o turismo. O representante do Convention & Visitors Bureau de Ilha Grande é categórico ao afirmar que sem turistas não há comércio, nem capital circulante, nem empregos. Hoje a ilha vive exclusivamente para o turismo.

Percebem-se no APL três conjuntos de organizações:

- um conjunto que chamamos de *estrutura do produto turístico* que são as empresas que em conjunto, ou individualmente, prestam serviços ao turista e propiciam uma boa ou má experiência;
- outro denominado *estrutura de acesso ao mercado*, representando a ilha em questões comerciais e de divulgação do destino, determinando como responsabilidade de um conjunto de organizações a tarefa de captar turistas diretamente ou utilizar operadores nacionais ou internacionais como intermediários para tanto;
- diversas organizações compõem o que chamamos de *estrutura institucional de apoio*. Essas organizações desenvolvem projetos na ilha e representam a classe patronal, sociedade civil, poder público ou instituições de educação (figura). Servem como apoiadores das empresas que constituem o APL.

Cadeia produtiva do turismo em Ilha Grande

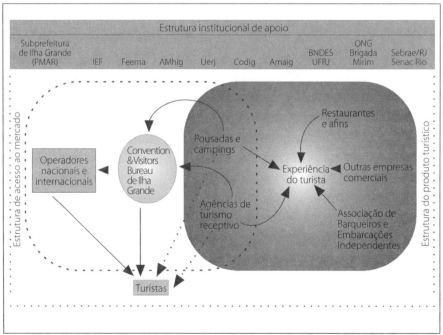

Fonte: Sampaio (2005).

Ao analisar as principais empresas componentes desse APL, nota-se a existência de um conjunto de restaurantes e empresas dedicadas ao comércio de lembranças, gêneros alimentícios e outros produtos, porém percebe-se que as empresas mais significativas do ponto de vista de estruturação do turismo estão envolvidas nas tarefas de alojamento, agenciamento, guiamento e transporte turístico. Elas se relacionam em maior ou menor grau de intensidade. As agências mantêm acordos com restaurantes e barcos para a composição dos roteiros vendidos e remuneram-se indiretamente através desses acordos. Enfim, a experiência do turista é um reflexo da soma da prestação de serviços dessas empresas (figura).

Sob os olhos e ações de todos

A Ilha Grande também foi território de vários estudos, realizados por diversas instituições. A Vila do Abraão concentrou os olhares sobre o desenvolvimento do turismo, analisado ora como um mal que vem de fora, ora como uma benesse. No assédio à Ilha Grande, em parte motivado por sua grande visibilidade, há uma clara disputa dos atores presentes em torno da ideia de salvar a ilha. Essa ideia está presente no discurso dos empresários, moradores, representantes de associações locais e de órgãos públicos entrevistados que muitas vezes, em vez de cooperar pelo bem comum, buscam atrair para si as luzes geradas pela ilha. Nesse ambiente de disputa algumas ações de cooperação também foram construídas de modo bastante singular.

O Banco Nacional de Desenvolvimento Econômico e Social (BNDES), em conjunto com a Universidade Federal do Rio de Janeiro (UFRJ), realizou um estudo de Promoção do Turismo Inclusivo em Ilha Grande (BNDES, 2004). A Uerj está presente na ilha através de seu Centro de Estudos Ambientais e Desenvolvimento Sustentável (Ceads), localizado na Vila Dois Rios, no local onde no passado foi o presídio de Ilha Grande. O Sebrae e o Senac iniciaram suas atividades na ilha com o projeto Unir & Vencer. Esse projeto estimula, através de uma metodologia participativa, o aumento do grau de interação entre os empresários da Vila do Abraão para que encontrem soluções cooperadas de problemas que afligem a todos (Sebrae e Senac, 2004).

A Ilha Grande durante um longo período (desde a desativação do presídio) ficou à margem das decisões públicas tomadas no município de Angra dos Reis, segundo a ótica dos moradores da ilha que frequentemente criticam o poder público local. A ausência de representação no setor público possibilitou o surgimento de diversas lideranças empresariais, comunitárias e projetos realizados pelo que denominamos "estrutura institucional de apoio", ora cumprindo e ora executando o papel do Estado.

A prefeitura de Angra dos Reis tem na ilha um grande "calcanhar de aquiles" e vive um dilema sobre o estímulo ao turismo no local, sendo alvo de pressões por parte da ilha e do continente. Ilha Grande possui grande visibilidade política pela sua característica de paraíso preservado próximo aos grandes centros, mas representa apenas 3,7% da população, ocupa 24% do território e, por crescer de forma não planejada, requer ações demandadoras de investimentos intensivos. Por outro lado, na parte continental de Angra dos Reis encontramos os restantes 96,3% dos munícipes concentrados em 76% do território, conferindo maior poder de abrangência às políticas públicas. Evidentemente, a questão eleitoral pesa no processo decisório no ato de alocação de recursos e desenvolvimento de políticas públicas, deixando a ilha aparentemente em situação de desvantagem. No continente encontramos importantes *resorts* hoteleiros como: Hotel Portobelo, Blue Tree, Pestana e Hotel do Frade. Estes têm interesse em manter seus hóspedes dentro dos limites do *resort* para aumentar o consumo de seus serviços agregados sem se importar com o desenvolvimento do parque hoteleiro local.

Soma-se a todos esses movimentos a presença do IEF e outras entidades em torno dos parques e reservas sob administração de órgãos estaduais, novamente dificultando a implantação de políticas públicas. Ao que parece, a articulação e a ação complementar das organizações da estrutura institucional de apoio padecem da falta de entendimento e a vontade de ocupar o posto de "salvador da ilha" propicia desencontros, ações superpostas e descrédito aos olhos da sociedade civil e dos empresários.

Dimensões da sustentabilidade: o enfrentamento dos problemas

O surgimento do turismo como nova opção econômica para a ilha, após o fechamento do presídio, trouxe para o local um novo conjunto de moradores e empresários, impulsionados pela possibilidade de auferir ganhos financeiros na ilha e "fugir" da cidade, morando em um paraíso ecológico. Essa nova população e essa nova atividade econômica provocaram pressões no equilíbrio da sustentabilidade da localidade. Essas pressões (Rebollo e Baidal, 2003) tendem a produzir uma forma de turismo mais ou menos alinhada com o que chamamos de turismo responsável. Dos problemas locais pesquisados chamamos a atenção da questão da informalidade para discussão e análise.

A questão da informalidade

A criação de um Convention & Visitors Bureau para Ilha Grande criou vantagens competitivas exclusivas para as empresas formalmente constituídas na ilha, em contraposição à situação de informalidade que vinha sendo usada como uma força para abaixar os preços praticados. Por outro lado, a instituição de uma subprefeitura em Ilha Grande, a criação de um Ministério de Turismo, uma secretaria estadual e a promulgação do decreto federal que dispõe sobre o cadastramento de empresas formalmente constituídas para prestar serviços no setor de turismo somaram argumentos para reaquecer a discussão entre as vantagens e desvantagens em manter uma empresa informal ou formal na ilha. A análise que se segue, sobre esses dois elementos, nos possibilitará tecer conclusões interessantes a partir do caso de Ilha Grande.

Novo elemento para a competição: Convention & Visitors Bureau

Do desejo de controle de acesso à ilha como uma forma de minorar os impactos causados por visitantes surgiu a necessidade de captar turistas com maior capacidade de dispêndio nesse destino. Por outro lado, a atividade turística sofre de problemas cíclicos relacionados à sua sazonalidade, que possui nas férias escolares e grandes feriados a maior parte de sua movimentação anual. Enquanto em alguns meses a ilha pode receber inúmeros turistas, em outros fica vazia e, consequentemente, com pouco capital circulante. Anualmente a taxa de ocupação dos meios de hospedagem gravita em torno de 20% (MPE, 2004), disputado entre pousadas, campings e casas de família. No entanto, a ilha já recebe 359 mil visitantes por ano (MPE, 2004), o que, na opinião dos empresários, representa na época de alta temporada uma quantidade excessiva de visitantes, apesar de não haver um estudo formal da capacidade de carga suportada para esse destino. A pressão por um crescimento econômico que não leve em consideração a distribuição da quantidade de visitantes ao longo dos meses do ano leva a grandes concentrações na alta temporada, pressionando até o limite o ecossistema.

Grande parte dos empresários não mora e não nasceu na ilha. Os nativos que têm sua pousada no local, com ela sustentam a família. Além disso, a pousada é o capital imobilizado dessa família. Na visão dos empresários locais, a competição gerada pelos empresários ilegais ou que possuem outras fontes de renda fora da ilha reduz suas opções de manobra. A questão da informalidade é o maior desafio a ser enfrentado para o crescimento econômico sustentado, pois os ilegais utilizam essa condição como vantagem competitiva, praticando preços menores que o mercado. Das empresas de hospedagem da ilha, 47% estão em situação informal.

O enfrentamento do dilema por um crescimento econômico compatibilizado com a questão da atração de turistas mais qualificados, respeitando a capacidade de absorção de visitantes da ilha e procurando minorar o efeito da sazonalidade, levou um conjunto de empresários a criar o Convention & Visitors Bureau de Ilha Grande (CVB). A entidade, segundo seu presidente, foi criada sem o consentimento e o conhecimento da prefeitura de Angra dos Reis visto que ela, em um primeiro momento, não se mostrou favorável à criação de tal associação com abrangência apenas do distrito de Ilha Grande. A prefeitura defendia a criação de tal entidade com abrangência municipal. Trata-se do único caso no Brasil de um Convention & Visitors Bureau associado à federação nacional dessas associações que possui abrangência distrital e não municipal,[1] destacando novamente o desagravo entre a prefeitura e o empresariado local.

Criada com o objetivo de divulgar o destino de Ilha Grande, considerando a premissa da preservação ecológica e a necessidade de captar turistas de nível econômico superior, a instituição foi reconhecida tanto pelo governo do estado do Rio de Janeiro quanto pelo Ministério do Turismo e passou a participar de feiras e rodadas de negócios promovidas pelo poder público estadual e federal. O alcance ao perfil de turistas desejado não era obtido pelo acesso direto por parte das pousadas e operadoras da ilha (figura) e os custos de participação em feiras nacionais e internacionais são muito elevados se considerarmos iniciativas individuais. Ambos os argumentos indicavam a necessidade de uso de um intermediário qualificado para garantir a entrada no mercado pretendido. A instituição do CVB garantiu a presença em feiras e rodadas de negócios de maneira colegiada e possibilitou o ingresso de operadores que antes não haviam demonstrado interesse no destino de Ilha Grande. Estabelece-se com isso um novo elemento de vantagem competitiva no cenário da ilha.

O CVB, por determinação estatutária, não aceita associados que não estejam legalizados em Ilha Grande, não dando acesso ao mercado fora da ilha a essas empresas. Essa restrição garantiu que a vantagem competitiva advinda da iniciativa ficasse em princípio restrita às empresas formais. Esses fatos trouxeram de volta ao palco a discussão sobre informalidade, mas agora não com o viés punitivo, mas com o interesse por parte dos informais em conhecer as novas vantagens apresentadas e, eventualmente, legalizar-se.

Presença do Estado: poder regulatório

A polarização entre os empresários legalizados e os ilegais é acentuada, os primeiros exigindo que a prefeitura multe e feche os ilegais, além de criar formas de excluí-los de outras vantagens que não a informalidade. A pre-

---

[1] *O Eco – Jornal de Ilha Grande*, v. 5, n. 66, p. 7, mar. 2005.

feitura não mantinha uma representação fixa e residente em Ilha Grande até 2004, quando foi criada a subprefeitura de Ilha Grande. A ausência de uma participação ativa do poder público local até essa data conferia um sentimento de abandono que era compartilhado por todos, legais ou informais. De fato, em maior ou menor escala, todos pediam uma interferência do poder público na localidade para solucionar problemas centrais como o saneamento básico, educação e fiscalização. Enfim, um ponto pacífico entre legais e informais era a necessidade de que a ilha tivesse suas carências atendidas, seja pelo poder municipal ou outra esfera.

Em âmbito municipal a comunidade de Ilha Grande aprendeu a elaborar estratégias para forçar o poder público à ação, já que a ilha possui pouco significado como colégio eleitoral. O processo de articulação, relatado a seguir, necessário até a criação de uma subprefeitura para a ilha, retrata bem esse aspecto.

Relatos indicam que até a última eleição para vereador, a comunidade de Ilha Grande tinha o desejo de eleger um vereador próprio, mas o baixo colegiado eleitoral local perante o colegiado do continente não conquistou êxito nessa estratégia. Contudo, na última eleição, a comunidade alterou sua estratégia política e, em vez de tentar eleger um candidato da ilha, deu apoio a um candidato do continente simpático às causas defendidas em Ilha Grande. Esse candidato foi eleito, pouco depois assumiu a presidência da Câmara de Vereadores e reforçou significativamente o processo de pressão na esfera pública municipal, tornando-se peça-chave para o desencadear das ações seguintes que levariam à criação da subprefeitura de Ilha Grande.

Na esfera federal, a pressão sobre empresas ilegais no setor de turismo aumentou, através da instituição do Decreto Federal nº 5.406, de 30 de março de 2005,[2] que torna obrigatório o cadastramento na Embratur de todas as empresas que vendam serviços turísticos (pousadas, campings, agências e embarcações, por exemplo) num prazo de 60 dias, sob pena de sofrer fiscalização do Ministério do Turismo.

---

[2] *Diário Oficial da União*, v. 142, n. 61, Brasília, 31 mar., 2005.

A presença do poder público significou a possibilidade de desenvolvimento e andamento dos pontos que afligiam a sociedade da localidade, mas também configurou a presença de um ente com poder regulatório. Portanto, quando os informais pediam a ação do poder público para algumas questões, inocentemente esqueciam que este também poderia atuar como regulador e agir contra a informalidade, aumentando assim a arrecadação de impostos.

A instalação da subprefeitura em Ilha Grande é um marco na condução de políticas públicas para a ilha, aproximando o poder público da região dos problemas locais. Os empresários souberam usar essa proximidade e pressionaram a prefeitura a tomar atitudes em prol da legalização de empresas e da proibição do funcionamento de empreendimentos informais. De fato, a prefeitura realizou uma ação chamada Angra Legal, em que multou 28 estabelecimentos e provocou a legalização de nove outras empresas. Em 1º de julho de 2005, a prefeitura deu início à Operação contra a Informalidade no município de Angra dos Reis, primeiramente identificando os estabelecimentos informais, orientando e somente depois aplicando as sanções legais.

De um lado a pressão pela legalização aumentou com a instituição do Decreto Federal nº 5.406 e a presença fiscalizadora da subprefeitura na ilha e, por outro, as vantagens pela legalização ficaram mais evidentes pela recente política de promoção de destinos turísticos em âmbito federal (MTUR, 2003) e pela criação de um intermediário na tarefa de promoção da ilha, o Convention & Visitors Bureau de Ilha Grande. Esses elementos agiram de forma conjunta ainda que não tenham, *a priori*, sido planejados para tal, em prol da resolução da questão da informalidade.

O caso de Ilha Grande nos mostra que tanto o poder regulatório imbuído de caráter educador, estimulando as empresas a cumprir a legislação, quanto a ação de instituições promovendo vantagens competitivas para empresas legalizadas podem indicar um caminho alternativo para lidar com a questão da informalidade, sem que com isso sejam adotadas posturas públicas de suavização de tributos, microcrédito ou tolerância à informalidade em prol de vantagens eleitorais (Tendler, 2002). Reforça-se nesse caso a postura de que um caminho associado ao desenvolvimento sustentado passa por encontrar soluções que levem em consideração a formalização de empresas e os pagamentos aos impostos governamentais, que em tese devem ser revertidos em ações que propiciem melhorias para a própria localidade, em antagonismo à adoção de políticas puramente sociais.

Cabe destacar que tanto o advento do Convention & Visitors Bureau quanto a presença do poder público atuando como regulador nesse mercado guardam a lição de que os agentes externos ao APL tiveram importante papel, levando à superação de problemas locais. A atuação do CVB ganhou expressão uma vez que este foi legitimado perante o governo estadual e federal como representante oficial da Ilha Grande para a promoção comercial desse destino. A regulamentação (através do Decreto nº 5.406) da atividade turística em nível federal e a manobra política realizada pela sociedade de Ilha Grande, levando à eleição de um vereador representando os interesses da ilha, demonstram a necessidade de operar no ambiente externo ao APL para modificar questões que o afligem.

Seguimos aproveitando as lições aprendidas no caso de Vila do Abraão e tecendo considerações sobre esse caso.

Considerações finais

As características e os meios encontrados para a resolução dos problemas do caso aqui estudado podem ser aprendidos por aqueles que elaboram políticas públicas, por pesquisadores dessa área, e também contribui para o entendimento de um fenômeno social ainda pouco estudado: o turismo. A resolução dos problemas do APL e, por consequência, o favorecimento ao equilíbrio sustentável do destino de Ilha Grande—Vila do Abraão nos possibilitam concluir algumas questões amparados em casos similares e nas referências teóricas utilizadas.

▶ O relacionamento com agentes externos ao *cluster* possibilitou a resolução de problemas que os seus participantes não conseguiram superar sozinhos. A questão tratava de ações envolvendo recursos financeiros de razoável montante e ações que necessitavam da interferência do setor público para a sua resolução. Se por um lado a literatura recente indica que as vantagens competitivas em um mundo globalizado podem ser obtidas localmente (Porter, 1998), este caso indica que a solução para alguns dos problemas do APL podem ser encontradas pelo aprimoramento da relação entre o APL e agentes externos úteis a este. Ao reconhecer que o desenvolvimento não seria possível através de uma estratégia que contasse unicamente com o esforço dos empresários e por isso eles aprenderam a utilizar os expedientes políticos para forçar uma ação articulando o poder público, o setor privado e a sociedade civil organizada.

▶ Ainda que a visão "romântica" de que para haver cooperação deva haver alinhamentos ideológicos e um espírito altruísta tenha caído por terra, no caso em questão, percebeu-se que bastou o problema ser do interesse de todos, ainda que por motivos diferentes, para que se aglutinassem em busca de soluções colegiadas (eleição de um vereador para defender também os interesses da ilha e reforma do cais da Vila do Abraão). A relação de cooperação e competição que marca o referencial teórico sobre *clusters*, neste caso, ficou patente na superação do problema da informalidade de empresas. O lado prejudicado (as empresas formais) se uniu e pressionou a prefeitura, garantindo, inclusive, que as novas vantagens competitivas geradas na ilha (acesso a novos mercados por intermédio do Convention Bureau) fossem restritas às empresas formalmente constituídas. Verifica-se aqui que a cooperação horizontal nasceu da identificação e da necessidade de superação de problemas comuns, gerando ações colegiadas como o Convention Bureau. A cooperação vertical foi favorecida pelo desejo de superar esses mesmos problemas. As empresas formais ao negociarem com agentes comerciais externos (no caso operadores de turismo) comprometeram-se a subcontratar apenas empresas formais e devidamente registradas nos órgãos reguladores competentes. Confirma-se que o papel desempenhado pela estrutura institucional de apoio – bem representados pela Associação de Moradores e Amigos da Ilha Grande (Amaig), Associação de Meios e Hospedagens da Ilha Grande (Amhig) – favorece a cooperação e que esta pode levar à resolução de conflitos que isoladamente não poderiam ser resolvidos (You e Wilkinson, 1994).

▶ O apoio a MPEs sem a exigência de contrapartidas que levem a mudança e melhorias do APL não produz efeitos duradouros. Percebe-se que o incentivo às MPEs no formato de incentivos fiscais e subsídios não necessariamente leva ao desenvolvimento sustentável, e sim a uma couraça de proteção que em alguns casos pode, em vez de incentivar, inibir o crescimento. O caminho seguido no caso tomou o sentido da busca pelo desenvolvimento autossuficiente e sustentável economicamente através de esforços para acessar mercados novos (acordos com operadoras de turismo e fundação do Convention Bureau). Em casos similares, em que a orientação das estratégias do APL foram associadas a uma demanda de mercado (Tendler e Amorim, 1996), a possibilidade de superação de problemas e crescimento mostrou-se mais sustentável. Igualmente, em vez de atenuar o pagamento de impostos e requisitos legais, promovendo o "pacto com o diabo" (Tendler, 2002), as MPEs organizadas em APL puderam encontrar caminhos alternativos que indicaram as vantagens competitivas obtidas ao seguir o caminho da legalidade. Esse caminho indica um desenvolvimento sustentável sob o ponto de vista econômico e também atenua, significativamente, a pressão sob a justiça social por garantir o direito dos trabalhadores e aumentar o recolhimento de impostos que a rigor devem ser convertidos em benefícios para a própria comunidade onde está localizado o APL.

A utilização de instrumentos que possibilitem transparência nos acordos firmados entre as partes pertencentes ao APL teve significativa contribuição para que estas exigissem uma das outras o cumprimento de suas responsabilidades. Embora a questão da governança do APL não tenha tido um caráter formal, o papel desempenhado pelas associações e pelos grupos de empresários (Amhig, Amaig, Convention Bureau, Unir & Vencer) possibilitou a confluência de motivos e defesa dos interesses da ilha por meio de uma sólida representação perante os diversos níveis do governo (municipal, estadual e federal) e outras organizações do que chamamos de estrutura institucional de apoio (figura). Destaca-se na literatura (Palmer, 2002) que entre os itens de maior significado para o sucesso de ações cooperadas de marketing encontra-se a existência de estruturas formais de governança, com nível de comprometimento e participação como os encontrados em Ilha Grande.

Ilha Grande nos possibilitou olhar para problemas que afligem boa parte dos APLs de turismo, que podem encontrar na ilha uma referência de caminhos para a sua resolução. Aprendemos com ela que as organizações devem ser agentes de seu próprio destino, relacionando-se com agentes externos, intensificando suas relações internas, utilizando expedientes políticos e, sobretudo, seguindo o caminho do desenvolvimento sustentável que respeita as características do ambiente onde se localiza. Inclusive respeitando e incentivando a obediência aos requisitos legais necessários para atuar no setor, em vez de lutar por facilidades fiscais sem oferecer contrapartidas que levem a uma melhora do APL.

Referências bibliográficas

AMORIM, Mônica Alves. *Clusters como estratégia de desenvolvimento industrial no Ceará*. Fortaleza: Banco do Nordeste, 1998.

BENI, Mário Carlos. *Análise estrutural do turismo*. São Paulo: Senac São Paulo, 2003.

BNDES. *Programa de Promoção do Turismo Inclusivo na Ilha Grande, RJ —* Consolidação dos Pré-Projetos. Ago. 2004.

CYPRIANO, A. *O caldeirão do diabo*. São Paulo: Cosac & Naify, 2001.

ECCLES, Gavin. Marketing, sustainable development and international tourism. *International Journal of Contemporary Hospitality Management*, v. 7, n. 7, p. 20-26, 1995.

EMBRATUR. *Anuário estatístico Embratur*. 2004. v. 1.

HALME, Minna. Learning for sustainable development in tourism networks. *Business Strategy and the Environment*, v. 10. p. 100-114, 2001.

_____; FADEEVA, Zinaida. Small and medium-sized tourism enterprises in sustainable development networks — value added? *Greener Management International*, n. 30, p. 97-111, Summer 2000.

HOROBIN, Helen; LONG, Jonathan. Sustainable tourism: the role of the small firm. *International Journal of Contemporary Hospitality Management*, v. 8, n. 5, p. 15-19, 1996.

IVT. Entrevista com o Comitê de Defesa da Ilha Grande. *Caderno Virtual de Turismo*, n. 10, dez. 2003.

KOKKRANIKAL, Jithendran; MORRISON, Alison. Entrepreneurship and sustainable tourism: the houseboats of Kerala. *Tourism and Hospitality Research*, v. 4, n. 1, July 2002.

LIU, Zhenhua. Sustainable tourism development – a critique. *Journal of Sustainable Tourism*, v. 11, n. 6, 2003.

MOURA, João Gonsalo de. Relatório de atividades da expansão da RedeSist – Arranjo produtivo turístico de São Luis. In: *Arranjos produtivos locais*: uma nova estratégia de ação para o Sebrae. RedeSist, UFRJ, maio 2004.

MPE. *Polo turístico de Ilha Grande*. Disponível em: <www.mpefunbio.org.br/mpe/pagina.asp?pagina_id=88>. Acesso em: 30 dez. 2004.

MTUR. *Plano nacional de turismo*. Brasília: Ministério do Turismo, 2003.

PALMER, Adrian. Cooperative marketing associations: an investigation into the causes of effectiveness. *Journal of Strategic Marketing*, n. 10, p. 135-156, 2002.

PORTER, Michael E. Cluster and the new economics of competition. *Harvard Business Review*, Nov./Dec. 1998.

PRADO, Rosane M. Tensão no paraíso: aspectos da intensificação do turismo na Ilha Grande. *Caderno Virtual de Turismo*, n. 7, mar. 2003.

PUPPIM DE OLIVEIRA, José Antonio Tourism as a force for establishing protected areas: the case of Bahia, Brazil. *Journal of Sustainable Tourism*, v. 13, n. 1, p. 24-49, 2005.

REBOLLO, J. F. V.; BAIDAL, J. A. I. Measuring sustainable in mass tourism destination: preassures, perceptions and policy responses in Torrevieja, Spain. *Journal of Sustainable Tourism*, v. 11, n. 2/3, 2003.

SAMPAIO, Rafael S. *Estratégias para a superação de problemas locais à Vila do Abraão e sua relação com o desenvolvimento sustentável do turismo*. 2005. Dissertação (Mestrado) – Fundação Getulio Vargas, Rio de Janeiro, 2005.

SEBRAE; SENAC. *Direcionamento estratégico e relatórios de acompanhamento para Ilha Grande – Projeto Unir & Vencer*. Rio de Janeiro: Senac Rio, 2004.

SWARBROOKE, John. *Turismo sustentável*: conceitos e impacto ambiental. São Paulo: Aleph, 2000. v. 1.

TENDLER, J. Small firms, the informal sector, and the devil's deal. *IDS Bulletin*, v. 33, n. 3, July 2002.

_____; AMORIM, Mônica A. Small firms and their helpers: lessons on demand. *World Development*, v. 24, n. 3, p. 407-426, 1996.

UNCTAD. Secretariat of Trade and Development Board. *International trade in tourism-related services*: issues and options for developing countries. TD/B/COM.1/EM.6/2. Geneva: ONU, 1998.

WTO. *Global code of ethics for tourism*. Santiago, Chile, 1999.

_____. *Recommendations to governments for supporting and/or estabilishing national certification systems for sustainable tourism*. Madri, Mar. 2003.

YOU, Jong-Li; WILKINSON, Frank. Competition and co-operation: toward understantding industrial districits. *Review od Political Economy*, n. 63, p. 259-278, 1994.

2

Arranjos produtivos locais (APLs) como forma de desenvolvimento local sustentável baseado na agricultura orgânica

Leonardo Faver

Diversas teorias vêm sendo formuladas com o intuito de promover o desenvolvimento de localidades. Entre elas podemos citar as parcerias, os consórcios, os arranjos produtivos locais (APLs), as redes etc. Todas buscam uma forma de proporcionar o desenvolvimento, garantir a sobrevivência e competitividade, resgatar vocações e identidades, articular os atores locais, impulsionar inovações, gerar empregos, entre outros argumentos.

O desenvolvimento local sustentável depende da organização e sinergia entre instituições financeiras de fomento, de apoio tecnológico, de formação profissional, de conhecimento, das organizações da sociedade civil e outros atores para potencializar a utilização de recursos e dinamizar o desenvolvimento. Os diversos subsistemas de apoio devem se articular no nível local para que sejam coerentes, pois é sabido que cada instituição se preocupa normalmente apenas com uma dimensão do ciclo de produção, ou seja, ora trabalha-se o apoio tecnológico, ora as linhas de crédito, ora a comercialização, ora a comunicação e o controle de qualidade, não fechando assim o ciclo completo da produção.

É fundamental a articulação de diferentes agentes do Estado, do mercado e da sociedade na busca do sucesso financeiro e comercial dos negócios, porém não se pode deixar em segundo plano as transformações sociais e avanços que essas relações podem provocar. É necessário resgatar a noção geográfica de território analisando em conjunto os aspectos físicos, naturais, a base técnica, as manifestações sociais, entre outros.

Markusen (1994) acredita que o governo deve ter um papel fundamental no fomento às políticas de desenvolvimento, aplicando-as de uma forma *bottom-up*, ou seja, *local level policy* (quando a produção local funciona como âncora para o desenvolvimento de polos de crescimento, contribuindo e protegendo a economia local e regional). Além da educação básica e infraestrutura, são necessárias ações pontuais e específicas para desencadear os processos de desenvolvimento.

A participação do Estado é de suma importância para manter o equilíbrio e regular o mercado com sua capacidade de influenciar e intervir sobre os agentes, direcionando o desenvolvimento com sustentabilidade.

Na era da globalização, há uma predominância e uma maior concentração de esforços no desenvolvimento dos negócios de alta tecnologia que, na maioria das vezes, estão centralizados nas grandes metrópoles por causa de suas boas condições de infraestrutura. Essa política pode alimentar ainda mais a clássica forma de acumulação, concentração e centralização do capital, em vez da descentralização do poder e riqueza. Os polos já consolidados por si só atraem novos empreendimentos.

Portanto, as políticas devem incentivar atividades que demonstrem boas perspectivas dentro das particularidades locais e que contribuam para a descentralização das atividades econômicas, bem como para a redução da concentração excessiva nas áreas metropolitanas.

Desenvolvimento sustentável — agroecologia e agricultura orgânica

Basicamente o desenvolvimento sustentável direciona o foco para a questão *como* produzir em detrimento da questão *de que* e *para quem* (Silva e Mendes, 2005), e baseado nesta premissa todos os esforços devem convergir.

Como Furtado (1988) citado por Silva e Mendes (2005) pregava, o desenvolvimento não pode ser apenas econômico, mas deve abordar uma visão multidisciplinar. Reforçando esse pensamento, May e colaboradores (2003) atestam a importância da mudança do padrão tecnológico atual em direção a padrões que degradem menos o meio ambiente, condição necessária para que o crescimento econômico possa ser contínuo e com uma distribuição mais igualitária dos benefícios, caminhando assim na direção do desenvolvimento sustentável.

A saída para esse problema é a ampliação das atividades econômicas para que conservem ou mesmo ampliem essa diversidade e, dentro desse pensamento, temos como uma importante alternativa a diversificação dos sistemas produtivos agrícolas (May et al., 2003).

A agroecologia tem como princípios básicos a menor dependência possível de insumos externos e a conservação dos recursos naturais. Para isso ela maximiza a reciclagem de energia e nutrientes minimizando as perdas desses recursos durante os processos de produção. Um importante sistema de produção agrícola, dentro do conceito de agroecologia e com uma grande preocupação com a biodiversidade, é a agricultura orgânica. Trata-se de uma forma de agricultura que considera o agricultor o sujeito da ação e a razão do desenvolvimento. Promove o desenvolvimento autossustentável que privilegia os recursos naturais locais e preserva o meio ambiente, contribuindo para a qualidade de vida, a conquista da cidadania dos agricultores e suas famílias, e para uma sociedade democrática e humana.

Segundo Beus e Dunlap (1990) e Almeida (1998), a agroecologia aponta para uma ruptura com o paradigma químico moderno imposto pela Revolução Verde, que privilegiou somente o aumento da produtividade agrícola como forma de avaliação de eficiência, não levando em conta o produtor rural e o meio ambiente. Essa ausência de consciência de sustentabilidade em seu aspecto mais amplo, ou seja, financeiro, social, ambiental e espacial, difundiu uma agricultura comercial extremamente especulativa onde as restrições ecológicas representavam custos insuportáveis. A Revolução Verde instalou um modelo industrial-produtivista de apropriação da natureza que acelerou de forma alarmante a degradação ambiental e social do espaço rural a ponto de se tornar insustentável (Marques, 2003).

Os princípios da produção industrial-produtivista se adaptam mais aos agricultores capitalistas, ou seja, aquelas propriedades onde as atividades são implementadas principalmente com força de trabalho alheia (empregados assalariados), cabendo em geral ao proprietário dos meios de produção somente as tarefas de direção e administração, diferentemente do que ocorre com os pequenos produtores também denominados agricultores familiares.

Define-se como agricultura familiar os estabelecimentos que atendem aos seguintes critérios, simultaneamente:

▶ a direção dos trabalhos do estabelecimento é exercida pelo produtor;
▶ o trabalho familiar é superior ao trabalho contratado;
▶ uma área inferior até 15 vezes do tamanho do módulo regional.

Podemos ainda definir agricultura familiar como a unidade onde a gestão, o trabalho e a propriedade dos principais meios de produção, mas não necessariamente da terra, pertencem ao produtor direto.

Diversos impactos da produção orgânica influenciam os pequenos agricultores familiares, entre eles podemos citar: os produtos orgânicos possuem melhores preços comparados aos convencionais e podem ser uma alternativa aos agricultores para incrementar suas rendas; os custos de produção têm maiores valores em mão de obra e menores custos em insumos quando comparados à agricultura convencional; apresentam um custo extra de certificação, o que aumenta o custo de produção, principalmente na fase de transição da agricultura convencional para a orgânica; e a agricultura orgânica tem efeito positivo sobre a saúde dos trabalhadores rurais e em relação ao meio ambiente (Damiani, 2002).

Dentro dessa realidade, a articulação entre o pequeno agricultor aqui já denominado agricultor familiar e a agroecologia mostra perspectivas de uma nova organização socioeconômica para viabilizar a vida no campo, com sustentabilidade e justiça social. Atualmente 90% dos produtores orgânicos são pequenos produtores familiares e correspondem a cerca de 70% da produção orgânica nacional. Ela também merece atenção especial pelo seu significado para a saúde humana, pois é responsável por boa parte da produção de alimentos básicos que chegam às nossas mesas (Kuster, 2004).

A agricultura familiar mostra-se também mais apta a incorporar os conceitos da agroecologia e da agricultura orgânica, adaptando-se melhor às propostas de desenvolvimento rural sustentável. Encontramos nela uma maior diversificação dos sistemas de produção com valorização do fator trabalho. Tem mais flexibilidade, uma maior cooperação entre os atores e menores riscos ambientais quando comparada às empresas capitalistas. Também utiliza na sua cadeia pequenos produtores e empresários, que para conseguirem melhores condições no mercado, se desenvolverem, se organizam.

Políticas públicas

Políticas públicas são os produtos de um intrincado processo de pressões políticas exercidas por grupos da sociedade civil bem organizados e influentes politicamente e das predisposições políticas do governo. O resultado prático desse processo é a implementação de políticas alicerçadas em interesses estreitos, porém bem-representados, em detrimento das necessidades da maioria da população, e indo na contramão da democracia plena (Lourenço, 2005). Dentro desse pensamento duro e real de política pública, torna-se necessária a criação de mecanismos que promovam e permitam a sustentabilidade das localidades.

Após a Constituição de 1988, um dos desafios da reorganização da esfera pública no Brasil tem sido a implementação descentralizada e participativa da política social. É fundamental a articulação e coordenação de atores, políticas e programas que integrem as diferentes políticas e programas em seus três níveis federativos: União, estados e municípios (Ananias, 2005). Somente assim se consegue atingir o desenvolvimento sustentável dos locais e regiões.

Segundo North (2002) citado por Silva (2005), o maior papel das instituições dentro da sociedade é reduzir as incertezas estabelecendo uma estrutura que permita as interações humanas, ou seja, deve criar uma atmosfera propícia às interações entre os atores.

É com essa visão de política pública que a teoria dos arranjos produtivos locais (APLs) pode colaborar com a promoção e o desenvolvimento local, os seus conceitos e ideias podem aumentar a eficiência dos processos existentes e contribuir com novos processos construídos pelas interações.

APLs — arranjos produtivos locais

Os arranjos produtivos são aglomerações territoriais de agentes econômicos, políticos e sociais, com atividades econômicas relacionadas e que apresentam algum tipo de vínculo entre eles.

Busca o aproveitamento das sinergias coletivas e fortalece as chances de sobrevivência e crescimento, constituindo importante fonte geradora de vantagens competitivas duradouras, além dos processos de aprendizagem coletiva (Cassiolato, Lastres e Szapiro, 2000).

Para Porter (1998), são companhias interconectadas e geograficamente concentradas de determinado segmento, incluindo fornecedores de insumos, componentes, máquinas, serviços, fornecedores de infraestrutura e também instituições governamentais e outras associações de negócios que fomentam treinamento especializado, educação, informação, pesquisa e suporte técnico.

Independentemente da definição, o importante

> é reconhecer que a base de competitividade das empresas em qualquer arranjo produtivo não se restringe a um setor único, estando fortemente associada a atividades e capacitações para frente e para trás ao longo da cadeia de produção. Incluem design, controle de qualidade e atividades relativas ao marketing e à comercialização, além de uma série de atividades ligadas à geração, aquisição e difusão de conhecimentos (Cassiolato, Lastres e Maciel, 2003).

Vantagens proporcionadas pelos APLs

Os arranjos favorecem o desenvolvimento e o aperfeiçoamento das pequenas e médias empresas, possibilitando que elas participem do mercado mesmo competindo com empresas de maior porte, desde que funcionem de forma complementar e, consequentemente, vençam as desvantagens de ser pequenas. Eles promovem habilidades dos trabalhadores e atraem compradores, ampliam e criam ligações para frente e para trás entre as empresas dentro dos arranjos, promovem intensa troca de informações entre os atores do arranjo, favorecem a existência de infraestrutura de suporte e consolidam uma identidade sociocultural.

A teoria dos APLs contribui muito com o setor agrícola e, especialmente, com a agricultura orgânica. É muito comum para as pessoas, técnicos e profissionais que trabalham com o setor primário utilizar o termo "da porteira para dentro" e "da porteira para fora", mostrando, de forma coloquial, alguns aspectos e preocupações relacionados ao processo produtivo em si e aos fatores e preocupações do mercado.

Acreditamos que além dos fatores operacionais dos processos produtivos os agricultores devem buscar dados, informações e parcerias que façam a sua atividade ser mais eficiente. Cabe uma preocupação com os aspectos "da porteira para fora" que, juntamente com os aspectos mercadológicos, podem ser fundamentais para o sucesso das atividades e contribuir com o desenvolvimento local.

Tipologias

Em relação ao destino da produção, segundo Cassiolato (2003), temos três tipos:

- mercado local/regional – empresas que fornecem insumos para outras empresas locais ou vendem;
- mercado regional/nacional – concorrência mais ampliada;
- mercado nacional/internacional – concorrência global.

Em nossa realidade estamos, em grande maioria, concentrados no primeiro tipo e no arranjo de sobrevivência de micro e pequenas empresas conforme características descritas na classificação diferente feita por Alterburg (1999) a seguir:

- arranjo de sobrevivência de micro e pequenas empresas;
- arranjo de empresas de produtos de massa;
- arranjo de corporações transnacionais.

Concentraremos nossa atenção na descrição e caracterização do arranjo de sobrevivência de micro e pequenas empresas que é o tipo predominante em nosso estudo.

Arranjo de sobrevivência de micro e pequenas empresas

Nesse tipo de arranjo a cooperação e o grau de especialização entre produtores é pequeno, refletindo a distância entre a força local de trabalho especialista.

Esses arranjos são constituídos por atividades com baixa barreira de entrada e têm a função mais de sustentação de seus componentes do que, praticamente, ser um centro de dinamismo econômico. Eles podem ser formados a partir de empreendedores pioneiros que, com o domínio de uma determinada atividade artesã, iniciam o negócio com membros da família e alguns empregados.

As principais externalidades positivas nesse tipo de arranjo são: a disseminação da informação, disponibilidade de força de trabalho semiqualificada, fácil acesso a matérias-primas e maquinário (a mão de obra é o principal maquinário) e oferta de produtos com baixos custos.

Nesses tipos de arranjos, o alto grau de especialização, a forte cooperação entre as empresas e as fortes relações socioeconômicas comuns nos demais arranjos, não ocorrem com frequência. Isso se deve aos seguintes fatores:

- a cultura de imitação predominante nesses arranjos onde os empreendedores ficam relutantes em compartilhar informações;
- as atividades econômicas de sobrevivência predominantes nesses aglomerados levam os participantes a ter uma competição predatória;
- as transações comerciais ocorrem num nível de informalidade, não permitindo aos participantes terem garantias das parcerias formadas;

▶ e, finalmente, como as empresas nesses arranjos quase sempre produzem em um nível abaixo da capacidade instalada, os pedidos maiores são atendidos pelas próprias empresas sem a necessidade de subcontratar ou fazer parcerias para atender às demandas.

A transferência de conhecimentos se dá, basicamente, através da imitação das atividades por parte dos demais atores do arranjo. Essa forma de disseminação de conhecimentos, no geral, falha por dois motivos. Primeiro, porque os microempreendedores vivem em um ambiente social que fica bastante desligado e desconectado da comunidade econômica do setor formal e, segundo, porque os artesãos habilidosos, com baixo nível educacional, possuem dificuldades em imitar as boas estratégias de gerenciamento. Esses arranjos ficam, portanto, longe de ser locais de criação, conhecimento, inventividade, habilidades empreendedoras e disseminação de informações.

Outra característica importante observada nesses arranjos é a baixa confiança entre os produtores, governos e empreendedores. Essa falta de confiança mútua leva a uma baixa cooperação de seus membros. Esse tipo de sentimento pode levar a uma competição destruidora em vez de uma rivalidade saudável, que permitiria tornar os arranjos mais dinâmicos e inovadores. A competição destruidora ocorre, na maioria das vezes, devido aos fatores citados acima e também pela pequena barreira de entrada dessas atividades econômicas, o que faz com que o setor tenha sempre novos entrantes contribuindo para a existência de um excesso de produtos no mercado derrubando os seus preços.

O primeiro estágio de ação para o desenvolvimento desse tipo de arranjo costuma ser a ideia de ação coletiva, que ajuda a consolidar e construir um sólido grupo de empresas para formulação de projetos na busca de parceiros e fundos públicos. O segundo passo é a consolidação das relações de confiança entre os membros, definindo, assim, as regras de interações. No terceiro estágio, temos um grupo independente do suporte público e que busca operar como qualquer empresa do setor privado (ainda não chegamos lá).

Como, na maioria das vezes, nenhuma empresa moderna participa desse tipo de arranjo, uma boa estratégia de desenvolvimento é buscar novos conhecimentos através da participação em feiras e exposições de negócios.

Esse tipo de arranjo é, sem dúvida, o que mais gera emprego e é, também, o que mais necessita de suporte para se desenvolver.

Capital social

Outro ponto fundamental em nosso trabalho é o capital social. Em suas longas pesquisas, Putnam (2000) comprovou que as regiões economicamente mais adiantadas possuem governos regionais mais eficientes, simplesmente por haver nelas uma maior participação cívica. Além disso, os cidadãos procedem corretamente uns com os outros, com honestidade, confiança e observância da lei, na esperança de receber em troca o mesmo tratamento. Como todos sabem, o capital social é proporcional à densidade de relações entre os cidadãos e possui um peso especial a frequência de participação em organizações fora dos limites da família. São normas e hábitos das instituições informais que afetam os níveis de confiança, interação e aprendizado em um sistema social.

O principal pré-requisito para a criação e desenvolvimento de capital social é a confiança. A confiança é fundamental para o desenvolvimento econômico, para os acordos organizacionais, para balizar os governos, entre outros. Ela não é estática e imutável, mas pode ser criada e destruída ao longo do tempo. Na maioria das vezes, pode ser desenvolvida através de processos sequenciais que englobem ações com interesses pessoais, políticas governamentais e através de instituições com mecanismos de autogestão (Locke, 1999). Ela é um atributo pessoal e, em grande parte, é observada entre pessoas que se conhecem há mais tempo, que se parecem ou mesmo que possuem boa reputação. De maneira geral, tem início através de interesses em comum.

Um alto capital social pode viabilizar projetos que economicamente seriam inviáveis em outro lugar, em razão das externalidades possíveis provenientes da sociedade local (Silva, 2005).

Criar e desenvolver capital social não é fácil, mas é fundamental para o desenvolvimento das regiões e locais. A mudança de identidades, valores, poderes e estratégias não ocorre de uma hora para outra.

Descrição do arranjo e casos estudados

O arranjo

O arranjo é composto pelos municípios de Petrópolis, São José do Vale do Rio Preto e Areal. São José do Vale do Rio Preto, no nosso estudo, atua somente como fornecedor de composto orgânico e Areal por ser a cidade sede de um importante estabelecimento bancário para o funcionamento do arranjo.

Concentraremos nossos estudos na cidade de Petrópolis por motivos práticos e também devido à sua maior representatividade.

Petrópolis possui destaque no estado do Rio de Janeiro com uma produção agropecuária diversificada com ênfase no mel, nas flores, nos hortigranjeiros e na produção de cogumelos. O município, segundo a Empresa de Assistência Técnica e Extensão Rural do Estado do Rio de Janeiro (Emater-Rio), possui 698 produtores rurais. Uma das principais atividades é a olericultura (plantas com consistência tenra, não lenhosa, ciclo curto, exigências de tratos culturais intensivos e utilizadas na alimentação sem preparo prévio), e dentro desse ramo Petrópolis possui 53 produtores orgânicos (44 certificados e nove em processo de transição/certificação) com área média explorada de 1,3 hectare. A agricultura orgânica no município possui três organizações importantes: A, B e C.

Organização A

A organização A surgiu em 1989, quando o proprietário contratou os serviços de uma consultoria agropecuária para orientar qual o melhor ramo de atividades agrícolas poderia ser desenvolvido em sua área. Os consultores mostraram que a agricultura orgânica prometia ser uma boa opção. Em cima dessa constatação, o proprietário iniciou suas atividades a princípio visando atender somente cestas individualizadas e depois expandiu para atender aos supermercados. Percebeu logo que para atender à demanda crescente necessitaria de parceiros na produção. Então estendeu suas atividades na região.

Hoje, a organização possui mais de 700 clientes cadastrados. Nela temos uma grande empresa que compra os produtos de diversos pequenos parceiros, soma aos seus próprios produtos e distribui para os consumidores, ora via supermercados, ora via cestas individualizadas, além de fornecer, também, para alguns restaurantes.

A organização processa, embala, vende e distribui. Para efetuar esses procedimentos ela emprega 86 pessoas do próprio arranjo e possui uma infraestrutura bem completa com três caminhões frigorificados próprios e três terceirizados, câmaras frigoríficas (duas secas e uma umidificada), sala de processamento, sala de recebimento, escritório totalmente informatizado, ou seja, se assemelha a uma indústria de produção de massa.

As parcerias são formalizadas e procuram estabelecer uma política de preço estável durante todo o ano, independentemente das safras. Essas parcerias existem pela incapacidade da própria organização de produzir todos os produtos durante todo o ano.

A organização vende seus produtos, basicamente, para o município vizinho do Rio de Janeiro. Entrega os produtos para os supermercados, restaurantes e diversos domicílios através de cestas individualizadas.

Para a organização A, uma das principais mudanças que levou a inovações profundas em suas características organizacionais, como as técnicas contábeis, mudança no marketing e principalmente sua comercialização, foi a ampliação das vendas para o segmento de supermercados. Esse novo mercado exigiu uma ampla reorganização da empresa, ampliando as parcerias e informatizando totalmente os processos de pedido, notas etc. A relação produtor/consumidor também se alterou bastante devido ao distanciamento que o supermercado provoca.

Diversas instituições públicas e privadas contribuem para a organização. Neste sentido podemos enumerar as seguintes atividades principais realizadas por essas instituições: divulgação de conhecimentos, pesquisas, patrocínio de eventos técnicos, excursões técnicas, divulgação de programas de financiamento, informações burocráticas na formalização das atividades etc.

A organização A tem conhecimento de todas as formas de programas de financiamento existentes no setor, sejam do governo federal, estadual e os poucos programas municipais via conselho municipal. Alguns de seus parceiros já participaram e participam de financiamentos do governo federal.

Organização B

A organização B surgiu quando um ex-associado da extinta Coonatura (cooperativa de consumidores e de produtores de alimentos, ideias e soluções), uma das primeiras associações de produtores e consumidores a ser criada no Brasil na década de 1970, reiniciou as atividades de comercialização de produtos orgânicos, conjuntamente com os antigos empregados/ produtores da região. O gestor da organização B acreditava que, com sua experiência de anos no segmento, poderia contornar os problemas que a antiga Coonatura não soube administrar. Entre os principais problemas da época o gestor citou a falta de um técnico exclusivamente orientando os produtores nas áreas de produção e a relação com os produtores que, no início, eram empregados e, hoje, são parceiros, ou seja, são produtores autônomos sem nenhum vínculo com a organização.

A organização B funciona, atualmente, com o dobro de funcionários que possuía há cinco anos. Nela as empresas se inter-relacionam em forma de rede no atendimento das demandas.

A organização processa, embala, vende e distribui (terceiriza a distribuição). Para efetuar esses procedimentos ela emprega seis pessoas do próprio arranjo e possui uma infraestrutura modesta utilizando um galpão simples e uma embaladora. Não possui nenhuma forma de acondicionamento dos produtos e trabalha de forma artesanal.

As parcerias não são formalizadas por nenhum tipo de contrato, mas os parceiros procuram estabelecer uma relação de confiança com uma política de preço estável durante todo o ano independentemente das safras. Essas parcerias existem pela incapacidade da própria organização de produzir todos os produtos durante todo o ano.

A organização vende seus produtos para o município vizinho do Rio de Janeiro (95%) e Petrópolis (5%). Entrega os produtos para restaurantes, lojas de produtos naturais, feiras orgânicas, redes de economia solidária e um hortomercado municipal.

A organização B vem inovando, há tempos, os processos produtivos. Faz um manejo de solo com adubação verde sempre assessorada pela Empresa Brasileira de Pesquisa Agropecuária (Embrapa — Agrobiologia) situada em Seropédica (RJ). Utiliza e testa composto orgânico enriquecido com pó de rocha do Rio Grande do Sul (experiência desenvolvida por técnico da Emater-Rio) e, com a experiência do passado, mudou a forma de relação entre parceiros/produtores que antes eram empregados assalariados e, hoje, são produtores autônomos.

Quase todas as instituições públicas e privadas contribuíram e contribuem com a organização. É possível ressaltarmos ações como: encontros técnicos, pesquisas, treinamentos, patrocínio de eventos técnicos, excursões técnicas, divulgação e contratação de programas de financiamento e crédito, capacitações, programas de alfabetização de produtores rurais, entre outras.

A organização B também tem conhecimento de todas as formas de programas de financiamento existentes no setor, sejam do governo federal, estadual e os poucos programas municipais via conselho municipal. Diversos parceiros/produtores estão participando de financiamentos do governo federal atualmente.

Organização C

Essa organização praticamente iniciou suas atividades em 2002. Um grupo de 16 produtores convencionais despertou para a agricultura orgânica e, através da Emater-Rio, iniciou visitas e excursões técnicas para observar como se produzia organicamente. Visitou as organizações A e B além de outras nos municípios vizinhos de Teresópolis e São José do Vale do Rio Preto.

Esse grupo, um pouco mais unido e totalizando neste momento 12 produtores, começou a dialogar com o órgão certificador e a prefeitura municipal de Petrópolis no intuito de, primeiro, obter desconto na certificação e, segundo, encontrar uma área para instalar uma feira orgânica no município. Ambas as metas foram atingidas, e hoje a feira está instalada e funcionando bem, com barracas padronizadas (financiadas pelo Fundo de Desenvolvimento Agrícola do município) e buscando, cada dia mais, se estabelecer e expandir suas atividades.

O grupo então percebeu que o próximo passo seria a formalização da organização para que, formalmente constituída, gozasse de mais credibilidade e importância para futuros passos. A organização C foi constituída em setembro de 2002.

A organização C, percebendo as dificuldades do posicionamento da feira, buscou uma melhor área para seus negócios e trocou sua posição em 2003.

A organização vende seus produtos quase que totalmente para o arranjo. Entrega os produtos para um restaurante (cidade vizinha de Areal), uma loja de produtos naturais, uma feira orgânica, na própria propriedade, entrega também para as organizações A e B e para um hortomercado no município de Petrópolis.

A organização C, apesar do pouco tempo de existência, vem aprendendo e inovando, principalmente com o auxílio e assessoramento da Emater-Rio.

Ela busca inovação e aprendizado visitando as outras organizações do arranjo, e sem dúvida a sua maior parceira é a Emater-Rio.

É possível ressaltarmos ações como: encontros técnicos, treinamentos, patrocínio de eventos técnicos, excursões técnicas, divulgação de programas de financiamentos e crédito e capacitações.

A organização C também tem conhecimento de todas as formas de programas de financiamento existentes no setor, sejam do governo federal, estadual e os poucos programas municipais via conselho municipal. Alguns produtores estão participando de financiamentos do governo federal atualmente.

Análise dos casos

Utilizaremos para consolidar nossas conclusões a técnica analítica de Miles e Huberman (1984), citado por Yin (2002), onde criamos uma matriz dentro das áreas básicas listadas na linha de pesquisa e, através de categorias, dispomos as evidências empíricas observadas. As áreas utilizadas na pesquisa são:

- produção, mercados e emprego — busca identificar onde vende os produtos, para quem, as principais dificuldades, os fatores que mais impactaram as vendas nos últimos anos, mão de obra etc.;
- inovação, cooperação e aprendizado — novos produtos desenvolvidos, melhoria tecnológica de produto e processos, como cooperam, como aprendem etc.;
- estrutura, governança e vantagens associadas ao ambiente local — diz respeito aos diferentes modos de coordenação, intervenção e participação, nos processos de decisão locais, dos diferentes atores;
- políticas públicas existentes que fomentem financiamentos — procura identificar a participação ou o conhecimento sobre os programas de financiamentos específicos do segmento promovido pelos diferentes âmbitos de governo.

Esses fatores nos auxiliaram na identificação dos pontos e áreas com maior destaque e com maior influência dentro do arranjo, permitindo também sugerirmos alguns pontos que possam contribuir com o desenvolvimento local.

Optamos por um trabalho qualitativo, descritivo, através de um estudo de caso. Para obtenção dos dados da pesquisa, buscamos evidências empíricas coletadas pessoalmente pelo pesquisador através de entrevistas semiestruturadas, visitas técnicas nas áreas de produção, nos documentos da Emater-Rio, entrevistas informais com pessoas-chave, participação de reuniões dentro das organizações, pesquisa teórica via internet e participação na Feira Internacional de Produtos Orgânicos, a Biofach — América Latina.

Nas entrevistas procuramos observar pontos dentro de cada área básica que pudessem colaborar com o desenvolvimento das organizações. Neste sentido o quadro a seguir foi elaborado para auxiliar nas análises.

De maneira geral, os membros das organizações estudadas cooperam de uma forma concentrada na compra de insumos, na capacitação e na transmissão de conhecimentos. Basicamente maiores volumes de insumos são comprados para a divisão entre os parceiros. A cooperação pode e deve evoluir para ações mais fortes e mais sólidas passando por estratégias e objetivos comuns.

Linhas de pesquisa x comprovação empírica

Categorias	Organização A	Organização B	Organização C
Cooperação	Conhecimento/capacitação Compra de insumos	Boas relações institucionais/ fator histórico Compra de insumos Crédito com avalização triangular Financiamento dos parceiros/produtores	Conhecimento/capacitação Reivindicações ao governo
Consequência da cooperação	Melhor qualidade dos produtos Melhor eficiência dos processos Distribuição e fornecimento com eficiência Promoção da marca	Melhor qualidade dos produtos Melhor eficiência dos processos Obtenção de recursos subsidiados Participação em feiras e seminários sem custos	Melhoria do ponto de venda Participação em feiras e seminários sem custos
Conhecimento	Capacitação no arranjo Capacitação dos técnicos fora do arranjo Estágio a recém-formandos e estudantes	Capacitação no arranjo Capacitação dos técnicos fora do arranjo	Capacitação no arranjo Visitas técnicas a outros produtores de fora do arranjo
Infraestrutura	Ruim Estradas vicinais Telefonia para acesso à internet	Ruim Estradas vicinais Telefonia pública	Ruim Estradas vicinais Telefonia pública
Governança	Melhor qualidade dos produtos	Melhor qualidade dos produtos	
Sindicato	Fomenta informação sobre matéria-prima, financiamento e reivindicações, legalização de atividade rural	Fomenta informação sobre matéria-prima, financiamento e reivindicações, legalização de atividade rural	Fomenta informação sobre matéria-prima, financiamento e reivindicações, legalização de atividade rural
Sebrae	Patrocínio de eventos técnicos (pouco)	Patrocínio de eventos técnicos (bastante) Capacitação gerencial	Patrocínio de eventos técnicos (pouco)
Emater-Rio	Conhecimentos e informações (pouco) Divulgação de programas de investimento Elaboração de projetos de crédito	Conhecimentos e informações (pouco) Divulgação de programas de investimento Elaboração de projetos de crédito	Conhecimentos e informações (bastante) Divulgação de programas de investimento Elaboração de projetos de crédito
Embrapa Agrobiologia		Testes e pesquisa (bastante)	
Pesagro-Rio	Testes e pesquisa (pouco)	Dia de campo em conjunto com a Emater-Rio (pontual)	

Continua

Categorias	Organização A	Organização B	Organização C
Estabelecimentos bancários	Liberação de recursos (pouco)	Liberação de recursos (médio)	Liberação de recursos (pouco)
Governo municipal	Manutenção de estradas vicinais (pontual)	Manutenção de estradas vicinais (pontual)	Ponto de venda — feira livre. Financiamento de barracas
Universidades do arranjo	Ausente	Ausente	Ausente
Universidades de fora do arranjo	Viçosa e UFRRJ	UFRRJ	
Financiamento	Tem conhecimento de todos os programas e linhas de crédito para o setor	Tem conhecimento de todos os programas e linhas de crédito para o setor	Tem conhecimento de todos os programas e linhas de crédito para o setor
Dificuldades	Excessiva burocracia e descomprometimento dos estabelecimentos bancários	Excessiva burocracia principalmente relacionada à titularidade da terra	Excessiva burocracia principalmente relacionada às restrições em áreas ambientais e descomprometimento dos estabelecimentos bancários
Inovação	Organizacional: alta demanda Novos produtos	Organizacional: relação com os parceiros Novos processos produtivos Contratação de técnico agropecuário (fixo)	
Mão de obra qualificada	Dificuldade em contratar	Dificuldade em contratar	Não contrata
Políticas necessárias	Criação e flexibilização de linhas de crédito Melhoria da infraestrutura viária Melhoria dos serviços tecnológicos	Melhoria da educação básica Melhoria da infraestrutura viária Melhoria dos serviços tecnológicos Capacitação profissional em administração Transporte público	Melhoria da educação básica Melhoria da infraestrutura viária Maior comprometimento dos governos
Fatores intrínsecos do arranjo	Proximidade com clientes/consumidores Fator histórico/fama Proximidade com fornecedores de insumos e matéria-prima	Proximidade com clientes/consumidores Fator histórico/fama Proximidade com fornecedores de insumos e matéria-prima Disponibilidade de serviços técnicos especializados Parceiros/produtores capacitados (muito tempo na atividade)	Proximidade com clientes/consumidores Proximidade com fornecedores de insumos e matéria-prima Programa de apoio e promoção do governo municipal

Analisando o arranjo, as organizações não agem de forma coletiva junto aos governos e estabelecimentos financeiros com o intuito de obter investimentos, recursos, melhoria de infraestrutura viária, entre outros. Percebemos que para isso há necessidade de um desenvolvimento da educação básica, principalmente dos parceiros/produtores, gerando capital intelectual e, consequentemente, capital social. A totalidade dos produtores entrevistados não completou o ensino fundamental.

A cooperação entre as organizações acontece nas capacitações em processos técnicos produtivos, gerando conhecimentos que são disseminados e consolidados através do intercâmbio entre os parceiros. Outro fator trabalhado na cooperação é a compra de adubos orgânicos e corretivos para o solo, que são adquiridos em maiores volumes (exigência das fábricas ou diminuição do custo do frete) e são divididos pelos parceiros. A organização B, por sua tradição e sua boa relação institucional, coopera com mais profundidade, ou seja, realiza entre seus parceiros uma forma triangular de aval para dar respaldo junto às instituições financeiras oficiais na obtenção de recursos. A boa relação dessa organização permite ainda que seus membros obtenham vantagens e patrocínios para participar de feiras e seminários fora e dentro do arranjo.

O conhecimento dos processos produtivos é, sem dúvida, um dos fatores decorrentes da cooperação. É gerado de várias formas: através de cursos dentro e fora do arranjo; pela integração com universidades e institutos de pesquisas; e, ainda, no desempenho dos trabalhos cotidianos dos produtores/parceiros. Esses conhecimentos são difundidos por todo o arranjo através de técnicos/consultores particulares, de técnicos da Emater-Rio e, principalmente, pelos próprios produtores/parceiros.

É possível notar, porém, que a organização B é superior às organizações A e C em diversos fatores. Temos, por exemplo, uma ampla e intensa cooperação institucional onde há relações com o Serviço de Apoio às Micro e Pequenas Empresas (Sebrae), a Emater-Rio, a Embrapa, a Empresa de Pesquisa Agropecuária do Estado do Rio de Janeiro (Pesagro), as instituições bancárias oficiais (Banco do Brasil) e com a Universidade Federal Rural do Rio de Janeiro (UFRRJ). A vasta rede institucional desenvolvida pela organização B é, sem dúvida, uma consequência da sua história, de seus fortes laços e da sua imagem percebida pelos demais atores do arranjo. Essa coesão fortifica o grupo e lhe confere maiores vantagens competitivas.

Concentrando nossa análise dentro das organizações é possível observar com clareza ações cooperativas bem mais acentuadas também na organização B. Realmente a confiança na formação dos grupos é fator decisivo na cooperação e ela é adquirida principalmente por meio do tempo de relação. Ela tem permitido avanços na obtenção de financiamentos, no fluxo de informações e conhecimento e, principalmente, na integração de instituições como, por exemplo, as de pesquisa, de extensão, de financiamentos, entre outras, mesmo que de uma forma pontual.

A rede que a organização B desenvolveu está permitindo que ela enfrente as dificuldades do setor com mais chances de sucesso. Um bom exemplo é o financiamento e os conhecimentos administrativos que são os itens apontados como limitantes para o APL em geral e estão sendo superados pela organização B por meio da cooperação com as instituições responsáveis. Ao buscar parceria institucional com o Sebrae e com o Banco do Brasil obtuve um curso de capacitação gerencial. Além disso, seus produtores/parceiros conseguiram financiamentos da linha Pronaf.

Podemos apontar algumas vantagens que as instituições e o poder público têm em utilizar os arranjos produtivos locais como unidade de ação. Esses órgãos passam por diversos problemas no Brasil, principalmente em relação à escassez de recursos, e, portanto, para sua sustentação, necessitam otimizar suas ações e serem mais eficientes. Para isso nada melhor e mais indicado do que atuar conjuntamente com os grupos organizados e demais instituições existentes. Essa política permite que se busquem decisões consensuais mais eficientes e com resultados mais amplos.

As instituições também devem cooperar para ultrapassar as barreiras e dificuldades. Sozinhas elas ficam enfraquecidas e não conseguem atingir seu objetivo maior que é, na realidade, o desenvolvimento da sociedade. No nosso estudo detectamos que a Embrapa e a Pesagro poderiam procurar maior aproximação com a Emater-Rio, buscando pesquisas mais aplicadas à realidade local e fornecendo mais informações que possam contribuir para o desenvolvimento. Os estabelecimentos bancários deveriam se engajar realmente no processo para que as ideias pudessem sair do abstrato se transformando em realidade. As universidades locais deveriam ser sensibilizadas no sentido de que podem contribuir com pesquisas, informações e soluções importantes para o desenvolvimento do arranjo.

Conclusões e recomendações

Pensar arranjos produtivos locais é uma questão que demanda metodologia interdisciplinar e, dentro deste pensamento, há a necessidade de equacionarmos as dificuldades em relação aos problemas econômicos, sociais e ambientais.

É necessário considerarmos variáveis políticas, econômicas, sociais e ambientais dentro de uma perspectiva onde impere a confiança, a ética, a integração, a cooperação, ou seja, todas as variantes do processo.

A seguir levantamos algumas alternativas que podem contribuir para aprimorar os processos já existentes.

Melhoria da educação básica no meio rural

A educação básica não pode ser deixada de lado nunca. É a base de todos os outros processos e ponto de partida para a formação do capital social. Um capital social forte permitiria uma melhor compreensão do poder das ações coletivas e uma maior capacidade de diálogo e entendimento.

Estruturação das instituições públicas ligadas ao meio rural

O reduzido número de funcionários, a falta de motivação e de estrutura de trabalho dificultam a prestação dos serviços das empresas. A capacitação dos recursos humanos pode ser uma alternativa motivadora e, principalmente, a formação das pessoas envolvidas mostrando os benefícios que os arranjos podem promover no desenvolvimento local.

Arranjos produtivos locais como unidade de ação para fomentar o desenvolvimento

Os governos em suas três instâncias têm um papel fundamental na promoção dos APLs. O principal papel é a formação básica dos cidadãos. Devem fomentar, incentivar e manter as pessoas nas escolas, pois a baixa escolaridade representa séria ameaça ao desenvolvimento e competitividade dos arranjos. As redes institucionais e as redes dos atores sociais envolvidos no processo de desenvolvimento potencializam esforços e a sinergia é bastante produtiva.

Integração dos atores ligados ao desenvolvimento

Para que o arranjo produtivo local tenha sucesso é necessário que os atores envolvidos se comprometam com os objetivos e as necessidades em comum em prol do coletivo, contornando possíveis contratempos e evitando as disputas de poder. Há a necessidade de se criar medidas que visem promover encontros para a integração e a articulação dos atores, fortalecendo as relações e permitindo que se elabore um planejamento participativo com ações amplas.

Referências bibliográficas

ALMEIDA, J. Tecnologias agrícolas "alternativas": nascimento de um novo paradigma? *Ensaios FEE*, Porto Alegre, v. 19, n. 2, p. 116-131, 1998.

ALTENBURG, Tilman; MEYER-STAMER, Jorg. How to promote clusters: policy experiences from Latin America. *World Development*, v. 27, n. 9, p. 1693-1713, 1999.

ANANIAS, Patrus. A agenda de modernização das ações sociais públicas em âmbito local. *RAP*, mar./abr. 2005.

BEUS, C. E.; DUNLAP, R. E. Conventional versus alternative agriculture: the paradigmatic roots of the debate. *Rural Sociology*, New York, v. 55, n. 4, p. 590-616, 1990.

CASSIOLATO, J. E.; LASTRES, H. M. M.; MACIEL, M. L. (Orgs.). *Pequena empresa*: cooperação e desenvolvimento local. Rio de Janeiro: Relume-Dumará, 2003.

_____; _____; SZAPIRO, Marina. *Arranjos e sistemas produtivos locais e proposições de políticas de desenvolvimento industrial e tecnológico*. Rio de Janeiro: Instituto de Economia, Universidade Federal do Rio de Janeiro, dez. 2000. Bloco 3, Nota Técnica 27.

DAMIANI, Octavio. *Pequenos productores rurales y agricultura orgánica*: lecciones aprendidas en América Latina y el Caribe. Oficina de Evaluación y Estudios Fondo Internacional de Desarrollo Agrícola Roma, dic. 2002.

FURTADO, Celso. Desenvolvimento. In: CAIDEN, Gerald; CARAVANTES, Geraldo. *Reconsideração do conceito de desenvolvimento*. Caxias do Sul: Educs, 1988.

LOCKE, Richard M. *Building trust*. MIT. 1999. ms

LOURENÇO, Marcus Santos. Políticas públicas e desenvolvimento. In: SILVA, Christian Luiz da; MENDES, Tadeu Grassi (Orgs.). *Reflexões sobre o desenvolvimento sustentável*: agentes e interações sobre a ótica multidisciplinar. Petrópolis, RJ: Vozes, 2005.

KUSTER, Angela; MARTÍ, Jaime Ferré; FICKERT, Udo (Orgs.). *Agricultura familiar, agroecologia e mercado no Norte e Nordeste do Brasil*. Fortaleza: Fundação Konrad Adenauer, DED, 2004.

MARKUSEN, Ann. Interaction between regional and industrial policies: evidence from four countries. In: ANNUAL WORLD BANK CONFERENCE ON DEVELOPMENT ECONOMIES. *Proceedings...* 1994.

MARQUES, João Fernando; SKORUPA, Ladislau Araújo; FERRAZ, José Maria Gusman (Eds.). *Indicadores de sustentabilidade em agroecossistemas*. Jaguariúna, SP: Embrapa Meio Ambiente, 2003.

MAY, Peter H.; LUSTOSA, Maria Cecília; VINHA, Valéria da (Orgs.). *Economia do meio ambiente*: teoria e prática. Rio de Janeiro: Elsevier, 2003.

NORTH, Douglass. *Institutions, institutional change and economic performance*. New York: Cambridge University Press, 2002.

PORTER, Michael E. Clusters and the new economics of competition. *Harvard Business Review*, Nov./Dec. 1998.

PUTNAM, Robert D. *Comunidade e democracia*: a experiência da Itália moderna. Tradução de Luiz Alberto Monjardim. 2. ed. Rio de Janeiro: FGV, 2000.

SILVA, Christian Luiz da. Desenvolvimento sustentável: um conceito multidisciplinar. In: _____; MENDES, Tadeu Grassi (Orgs.). *Reflexões sobre o desenvol-*

vimento sustentável: agentes e interações sobre a ótica multidisciplinar. Petrópolis, RJ: Vozes, 2005.

_____; MENDES, Tadeu Grassi (Orgs.). *Reflexões sobre o desenvolvimento sustentável*: agentes e interações sobre a ótica multidisciplinar. Petrópolis, RJ: Vozes, 2005.

YIN, Robert K.; GRASSI, Daniel. *Estudo de caso*: planejamento e métodos. 2. ed. Porto Alegre: Bookman, 2001.

3

Arranjos produtivos locais nordestinos e práticas de comércio justo: o papel das redes de relacionamento na inserção em cadeias globais em dois estudos de caso no Nordeste

Paulo Fortes

O objetivo principal dos participantes de relacionamentos de comércio justo[1] é promover a inclusão de pequenas comunidades produtivas, principalmente em países em desenvolvimento, no mercado global. O comércio justo representa uma modalidade comercial que utiliza uma cadeia alternativa, ou paralela às cadeias existentes no livre comércio, para atender às demandas de consumo por produtos éticos e ainda para construir instrumentos capazes de reduzir o controle negocial exercido por grandes empresas sobre pequenos produtores.

---

[1] "O comércio justo é uma parceria comercial, baseada em diálogo, transparência e respeito, que busca maior igualdade no comercio internacional. Contribui para o desenvolvimento sustentável através da oferta de melhores condições de negócios e através da segurança dos direitos de produtores e trabalhadores marginalizados, principalmente nos países do Hemisfério Sul. Organizações de comércio justo, suportadas por seus consumidores, estão envolvidas diretamente no suporte de produtores, na elevação de assuntos relevantes e na campanha para mudanças nas práticas de comércio convencional. Essa medida é uma associação ao comércio que busca o desenvolvimento sustentável para os produtores excluídos e desfavorecidos. Busca ainda prover melhores condições comerciais, através de campanhas de sensibilização" (EFTA, 2002:1).

O consumo consciente é apontado como sustentáculo desse tipo de relacionamento. A sensação de responsabilidade dos consumidores e a consequente disposição em pagar mais por um serviço ou produto devido à associação com valores de natureza socioambiental adotados por uma empresa dão origem a um nicho comercial a ser explorado.

Na Suíça, por exemplo, a média anual de consumo de produtos de comércio justo *per capita* é de US$ 10,74. O crescimento mundial desse mercado foi de 20% em 2002, e de aproximadamente 40% em 2003 (Nicholls e Opal, 2005:17). Os dados demonstram assim a ampla expansão desse mercado, principalmente quando se considera o fato de as negociações de produtos éticos representarem menos de 1% do volume de mercado norte-americano (Pelsmaker, Driessen e Rayp, 2005:365).

A inserção de produtos de pequenos produtores em cadeias alternativas pode servir de ferramenta de proteção, no sentido de ingressarem em cadeias de valor em uma posição vantajosa, ou seja, em que a ingerência exercida por grandes empresas é limitada. Isso devido à comercialização ter foco em um nicho específico de mercado que zela pela erradicação da atuação de atravessadores no relacionamento entre produtores e compradores, e pelo desenvolvimento das habilidades produtivas de pequenas comunidades.

Mas não somente o aprimoramento de habilidades e a movimentação para um mercado de nicho comercial proporcionam o desenvolvimento sustentável de pequenos empreendimentos. É primordial que haja um entrelaçamento entre os envolvidos nessa modalidade de relação comercial, pois a convergência de seus interesses proporciona o estabelecimento das condições favoráveis para o aprimoramento de relacionamentos fundados na cooperação e na satisfação mútua.

O arcabouço de arranjos produtivos[2] aponta que a convergência de interesses mútuos, principalmente as ações de cooperação entre os envolvidos em relações comerciais, favorece o desenvolvimento de habilidades

---

[2] "(...) denomina um conjunto numeroso de empresas, em geral pequenas e médias, operando em regime de intensa cooperação, onde cada uma das firmas executa um processo da produção. Essas empresas participam de um mesmo negócio, embora cada uma das firmas seja uma entidade autônoma. As firmas integrantes de um *cluster* se concentram em uma área geográfica definida" (Amorim, 1998:24).

necessárias para pequenos produtores elevarem os níveis de qualidade de sua produção. Entretanto alerta que a participação de pequenos produtores em relacionamento de exclusividade comercial,[3] comum no comércio justo, pode atraí-los para uma armadilha não inovadora.

A orientação da cadeia de valor para relações de exclusividade comercial chama a atenção para as possibilidades do travamento em vendas de pequenos fornecedores e para o controle negocial exercido pelo comprador. Nesses casos o comprador determina as especificações de qualidade e produção a serem atendidas pelos fornecedores, assim como o preço a ser pago.

A natureza do relacionamento comercial tradicional, a da simples maximização dos lucros, obsta a troca de conhecimentos técnicos na intenção de inibir que o elo mais fraco da corrente desenvolva novas habilidades, como as de marketing e de design próprio, essenciais no alcance de novas parcerias comerciais (Humphrey, 2003:12).

A regra desse jogo é o controle do conhecimento específico. Sob essa perspectiva, quanto menor o grau de informação dos fornecedores sobre o mercado mais facilmente eles serão mantidos em situação de subordinação. A prática de exclusividade, então, propicia a criação de vínculos de dependência na relação cliente/exportador. O resultado é uma ausência de valores agregados ao produto e a estagnação do progresso de pequenas comunidades produtivas (Lastres e Cassiolato, 2003:3).

Então, como pequenos produtores sustentáveis nordestinos podem evitar os problemas relacionados à exclusividade comercial quando esta é a única alternativa de sobrevivência para eles? Para responder a essa pergunta é necessário elucidar dois pontos distintos.

O primeiro seria o que leva pequenos produtores de comunidades rurais nordestinas a se tornarem fornecedores exclusivos. Nos casos analisados neste capítulo a insuficiência estrutural das pequenas comunidades,

---

[3] O relacionamento de exclusividade proporciona rápida promoção na produção, mas dificulta a inserção de arranjos em atividades com um maior valor agregado (Humprey e Schimitz, 2002:1.025) como, por exemplo, em atividades de marketing e design. Outro cenário seria a impossibilidade de desenvolvimento de melhorias, sobretudo as melhorias funcionais e intersetoriais, colocando o arranjo em uma armadilha onde somente melhorias de produto e processo se fazem presentes.

que não possuem outras alternativas de subsistência a não ser a participação em cadeias de fornecimento de recursos naturais exclusivas, é resultado da deficiente aplicação de políticas públicas que possam favorecer a utilização dos potenciais regionais.

O segundo ponto refere-se a estratégias que possibilitem o alcance de novos parceiros comerciais. Nesse âmbito, a participação em uma cadeia alternativa de comércio justo, quando usada como ferramenta na edificação de uma estrutura de relacionamento de rede, pode auxiliar na erradicação dos problemas de exclusividade relativos à cadeia de valor, ou seja, aqueles oriundos das práticas abusivas de ingerência comercial.

Assim a deficiência da infraestrutura local de pequenas comunidades produtivas nordestinas, causada principalmente pela omissão dos entes públicos responsáveis pelo ensino, pela manutenção de vias de escoamento, pelo saneamento básico e por outras contraprestações do Estado para com a sociedade, é a principal causa da participação desses produtores em relacionamentos de exclusividade.

As práticas de comércio justo representam apenas uma alternativa viável na conquista de novas parcerias comerciais duradouras e no desenvolvimento de instrumentos de exploração de outros potenciais locais. Todavia não podem ser consideradas, isoladamente, como solução plena para os problemas resultantes da exclusividade comercial de pequenos produtores.

Este capítulo demonstra que existe possibilidade para a obtenção de meios de sustentabilidade econômica de pequenas comunidades produtivas pela utilização consciente dos recursos oferecidos, de modo a garantir a harmonia entre a preservação do meio ambiente e o desenvolvimento da apicultura cooperativista no sul do Piauí, e da extração e processamento de coco babaçu no Maranhão.

Nos casos apresentados observa-se que as práticas de comércio justo possibilitam a inclusão de pequenos produtores em mercados distantes. Mas é necessário o amparo de políticas públicas que potencializem a criação de infraestrutura local, que identifiquem potenciais a serem explorados e que garantam a manutenção das condições básicas necessárias ao desenvolvimento de habilidades para que arranjos produtivos não caiam em armadilhas não inovadoras.

Casos

A crescente demanda do mercado mundial por produtos de consumo ético, ou seja, aqueles em que se agregam valores de responsabilidade socioambiental, proporcionou a inserção, em mercados de nicho específicos, dos produtos das pequenas comunidades de Simplício Mendes, participante da cadeia produtiva cooperativista de mel no sul do Piauí, e do Lago do Junco, que participa da cadeia produtiva de óleo de coco babaçu coletado e quebrado manualmente na região do Médio Mearim, no Maranhão.

A triste realidade é que o mercado internacional foi o responsável pela detecção da existência de produtos que poderiam ser encaixados em cadeias de valores alternativas, por possuírem apelos socioambientais a serem explorados.

No caso do babaçu, a imagem desfavorecida das *quebradeiras de coco*, base produtiva do arranjo, foi utilizada para despertar o interesse de consumidores conscientes, que ao comprarem sabonetes de óleo de babaçu estariam ajudando uma comunidade produtiva no Nordeste do Brasil. Da mesma forma no caso de Simplício Mendes, a produção orgânica, sustentável e cooperativista, possibilitou a inserção do mel no mercado exterior em uma cadeia de comércio justo.

Esses exemplos demonstram que o consumo consciente consegue manter a sustentação econômica de pequenas bases produtivas. Mas, mesmo que os relacionamentos ditos justos busquem a elevação de pequenos produtores ao mercado internacional, com a oferta de subsídios não disponíveis em relacionamentos do comércio livre, estes não podem, isoladamente, dar solução aos problemas causados pela omissão do Estado.

Os casos apresentados demonstram que a inserção no mercado internacional foi estimulada principalmente por ações de apoio patrocinadas por organizações não governamentais, que inicialmente assumiram o papel do Estado na garantia de instrumentos de utilização dos potenciais regionais de cada comunidade, e posteriormente agiram como facilitadores na aproximação efetiva entre fornecedores e compradores.

Caso do mel orgânico

No caso de Simplício Mendes a criação da Aapi,[4] em 1994, foi resultado da intervenção direta da Diocese de Oeiras, através de programas de transferência de titularização de terras, da inserção da apicultura como prática de subsistência e da disponibilização de financiamentos para a compra de equipamentos e insumos necessários à produção apícola (Caldas, 2003:4).

Segundo a Embrapa, a introdução da apicultura de subsistência na região de Simplício Mendes pela diocese e a criação de uma cooperativa local para o beneficiamento do mel proporcionaram o aumento da participação do número de famílias envolvidas em atividades apícolas de 9.500, em 1994, para mais de 18 mil em 1999. O consequente incremento na produção apícola local e a participação de uma cooperativa que agrega valor ao produto aumentaram a renda média mensal do apicultor de R$ 50, em 1993, para R$ 250 em 1999 (Sebrae, 2003:5).

Somente após a criação da base produtiva e da implantação do projeto Mel com Qualidade em 2001, parceria realizada entre o Serviço de Apoio às Micro e Pequenas Empresas (Sebrae) e a Universidade Federal do Piauí (UFPI) para adequar a cadeia do mel de Simplício Mendes aos padrões de qualidade do mercado internacional, a comunidade produtiva pôde ser percebida por novos clientes. Como consequência, em 2002, a empresa italiana de comércio justo Libero Mondo viabilizou a primeira exportação direta da Aapi, com a compra de 16 toneladas de mel. A empresa ainda comprou posteriormente 24 toneladas de mel em 2004, ressaltando que ambos os contatos foram iniciados pela empresa, e não pela cooperativa.

Após a iserção no mercado europeu, a cooperativa passou a direcionar sua produção quase que exclusivamente para o exterior devido ao rápido retorno de investimento para seus cooperados, obtido com vendas de grande vulto, chegando em 2005 a exportar 95% de sua produção, ou seja, 114 toneladas de mel.

---

[4] Associação Apícola de Simplício Mendes — cooperativa que gerencia o beneficiamento e comercialização do mel dos microprodutores da região de Simplício Mendes (PI). Em 2006 a Aapi possuía 930 famílias filiadas, representando a produção de 10 mil colmeias, associadas em 29 comunidades de oito municípios (Sebrae, 2006:35).

As vendas para o mercado interno, mesmo com o potencial de agregar valor ao produto ao vender mel fracionado e embalado sob a marca *Nutritivo Mel*, foram reprimidas devido à insuficiência financeira da cooperativa para atuar no mercado atacadista e manter o rápido retorno de investimento para seus cooperados obtido com a venda de grandes volumes para o mercado internacional.

O atendimento das demandas de mercado, principalmente as de padrão de qualidade, foi o reponsável pela implementação da maioria das melhorias nessa cooperativa. O recebimento de orientação técnico-científica de instituições como o Sebrae e a UFPI foi primordial na conversão de demandas de mercado em inovações efetivas.

Outro benefício do relacionamento com o Sebrae foi a modificação da estratégia de vendas a partir de 2005 para a conquista do mercado nacional, através da venda de produtos com valor agregado, ou seja, mel homogeinizado, envasado e rotulado com o nome da cooperativa.

Assim o comércio justo se apresenta para o caso mel como a ferramenta que possibilitou a inserção dos produtos da cooperativa no mercado internacional. Mesmo assim, as práticas desenvolvidas na negociação entre a Aapi e a Libero Mondo devem ser classificadas apenas como ações de ajuda mútua, uma vez que não houve a tentativa de elevação de capacidades produtivas e comerciais da cooperativa.

A relação com a empresa italiana mostrou-se esporádica e não determinou a aproximação entre os envolvidos ou mesmo com outros clientes no mercado internacional. A instalação de novas parcerias comerciais somente ocorreu com a crescente demanda de mel piauiense no mercado internacional devido a seus baixos custos de produção e à vasta diversidade da flora local.

No caso do mel orgânico, o relacionamento com organizações de apoio local foi fundamental para a própria criação da Aapi como centro de beneficiamento, e para a aquisição de equipamentos apícolas e de processamento, que permitiram agregar maior qualidade à sua produção de maneira a atender às normas do mercado internacional.

Assim, para o atendimento das demandas de mercado direcionadas para a manutenção da qualidade e para a garantia de estoque da produção de mel, exigiu-se da comunidade produtiva de Simplício Mendes a adoção de inovações como a inserção da alimentação artificial de enxames, o melhoramento genético, sombreamento de apiários e a erradicação de atravessadores.

Caso do babaçu

No caso da comunidade do Lago do Junco a participação de organizações não governamentais de apoio é ainda mais decisiva na inserção da comunidade produtiva babaçueira no mercado internacional, e imprescindível na criação da Coppalj[5] em 1991.

A empresa inglesa The Body Shop foi a responsável por essa inserção ao atentar para os potenciais hidratantes do óleo de babaçu, que hoje é componente da fórmula de 32 produtos da empresa. Essa descoberta viabilizou a utilização do óleo de babaçu no mercado de cosméticos, pois a sua comercialização para o mercado local de saponáceos mostrou-se inviável devido aos baixos preços de produção dos seus substitutos, como o óleo de soja, o óleo de palmiste, o óleo de palma, entre outros.

A estratégia de elevação do preço de compra do litro de óleo de babaçu dos US$ 0,74 pagos pelo mercado nacional para US$ 3,00 na comercialização justa, e o contrato regular de compra anual de um contêiner de óleo de babaçu tornaram possível a arrecadação de 38,55% do total de recursos obtidos pela cooperativa com a exportação de apenas 13,44% de toda a produção entre 1991-2005 (Assema, 2005:6).

Outra ação que demonstra a cooperação vertical necessária para a manutenção de relacionamentos justos foi a disponibilização de recursos financeiros, obtidos através da intermediação da The Body Shop e da Assema[6] na obtenção de doações da Misereor Internacional e da Organização

---

[5] Cooperativa dos Pequenos Produtores Agroextrativistas do Lago do Junco – cooperativa que possibilita a distribuição de renda entre os cooperados pela compra e processamento da amêndoa de babaçu. Criada em 1991 por 150 cooperados (indivíduos), com intenção de produzir e comercializar óleo bruto de babaçu.

[6] Associação de Assentamentos de Terra do Maranhão – criada em 1989 por membros da Coppalj, serve como órgão que a auxilia em orientação para o mercado, capacitação de cooperados, organização interna, e ainda como agente de vendas e divulgação de produtos do babaçu.

Terres dês Hommes, para a criação e composição do capital de giro dos primeiros anos da Coppalj.

A exposição dos produtos no mercado internacional e a manutenção da ideologia de prática justa proporcionaram a conquista de novos parceiros comerciais, que mantiveram o preço de compra de US$ 3,00 por litro de óleo, e ainda de novas formas de produção, com a criação, em 1996, da fábrica de sabonete de Ludovico,[7] aberta com recursos de organizações não governamentais europeias e com fundos do Unicef.

Entretanto, mesmo que a exportação por comércio justo consiga manter a sustentação econômica da base produtiva utilizando a principal atividade do arranjo, a quebra manual do coco babaçu, a manutenção de um relacionamento de exclusividade comercial, seja ele de comércio justo ou não, desestimula a conquista de novas habilidades.

A ausência de relacionamento com organizações de apoio local como o Sebrae, capaz de oferecer auxílio estratégico de vendas, ou como a Universidade Federal do Maranhão (UFMA), essencial na criação e no aproveitamento de novas tecnologias, dificultou a conversão de novas demandas de mercado em melhoramentos concretos, colocando a comunidade produtiva babaçueira em uma armadilha não inovadora.

Metodologia

A partir desse cenário, em que organizações de apoio não governamentais assumem o papel do Estado no desenvolvimento de habilidades em comunidades produtivas, busca-se, com o auxílio do arcabouço teórico de arranjos produtivos locais, esclarecer que condições socioambientais foram responsáveis pela implantação de relações de comércio justo entre pequenas comunidades produtivas do Nordeste brasileiro e o mercado internacional, e ainda apontar qual o papel da *cadeia de valor*, do *relacio-*

---

[7] A fábrica de sabonetes de Ludovico utiliza a marca Babaçu Livre e iniciou suas vendas para o mercado interno através da Assema. Em 2002 alcançou sua primeira exportação com a venda de 10 mil barras de sabonete para a empresa americana Pacific Sensuals, em Chicago.

namento com organizações de apoio local e de *ações de políticas públicas* na realização de melhorias nas cooperativas analisadas com o objetivo de satisfazer as demandas do mercado.

Pela classificação de melhorias no histórico de cada caso pretende-se demonstrar que as cooperativas analisadas estão inseridas em relacionamentos de exclusividade comercial, e que alcançaram os mesmos resultados observados nos demais relacionamentos dessa natureza.

A análise da evolução de ambas as cooperativas entre 1970 e 2005 sustenta a hipótese de que arranjos produtivos locais inseridos em relações de exclusividade são beneficiados apenas com melhorias de processo e de produto. Contudo a Aapi, com 13 melhorias[8] constatadas, apresenta um quadro geral de resultados mais positivo que o da Coppalj, que desenvolveu apenas cinco melhorias.[9]

Para apontar a variável determinante na realização das melhorias, e determinar o que ocasionou a maior presença de melhoramentos na Aapi, buscou-se identificar o ponto de origem de cada um, permitindo assim inferir qual o papel *da cadeia de valor*, do *relacionamento com organizações de apoio local* e de *aplicação de políticas públicas* no desenvolvimento de inovações em arranjos produtivos.

---

[8] Melhorias realizadas na Aapi: **1989** – inserção de apicultura de subsistência e projeto de teste de apicultura; **1991** – financiamento de equipamentos apícolas; **1994** – criação da Aapi como centro de coordenação de pequenas associações locais; **1995** – criação do entreposto de mel; **1997** – inserção da linha de produtos embalados em sachês, potes e bisnagas; **1998** – inserção de técnica de alimentação artificial para enxames e sombreamento; **2002** – uso de tecnologia local para maquinário de homogeneização do mel; **2002** – obtenção do Serviço de Inspeção Federal (SIF); **2003** – utilização da razão social, Nutritivo Mel, para uso de crédito de ICMS; **2004** – inserção e capacitação de agente de desenvolvimento rural (ADR) na atividade apícola; **2004** – projeto de melhoramento genético de abelhas africanizadas (UFPI, Aapi, Embrapa); **2005** – utilização de política de pagamento adiantado (mesmo preço pago pelo atravessador); **2005** – formação do primeiro grupo feminino de apicultoras na região.

[9] Melhorias realizadas na Coppalj: **1994** – instalação de cantinas para compra de amêndoas de cooperados; **1996** – criação da fábrica de sabonete para agregar valor à produção; **1998** – *não atendimento da demanda de processamento de óleo refinado de babaçu*; **2002** – uso de manejo logístico para enviar maiores quantidades dentro de contêiner; **2005** – capacitação de cooperados em práticas de negociação; **2005** – extração da essência de citronela para utilização em sabonetes.

Resultados dos estudos de casos

O relacionamento com a cadeia de valor representa a variável que possui maior influência na concretização de melhoramentos em ambas as cooperativas, sugerindo que as demandas de mercado, na forma de exigências para aumento de qualidade e produção, são o ponto de origem de sete das 13 melhorias detectadas na Aapi, e de quatro das cinco detectadas na Coppalj.

Nesse contexto destaca-se a ineficiência gerencial da Coppalj na busca de auxílio de órgãos governamentais de apoio para o atendimento de exigências do mercado, tal como foi comprovado quando do não atendimento do pedido de envio de óleo de babaçu refinado para a The Body Shop em 1998. O atendimento dessa melhoria favoreceria a ampliação da rede de relacionamentos da cooperativa, gerando novo contrato anual de exportação de óleo de babaçu e criando a possibilidade da sua utilização em outra cadeia de valor, a de produtos alimentícios.

Quatro das cinco melhorias realizadas na Coppalj possuem influência direta das demandas de mercado. No entanto as melhorias responsáveis pelo melhor aproveitamento da cadeia produtiva do babaçu, como a instalação de cantinas, a criação da fábrica de sabonetes e o manejo logístico para envio de maiores remessas de óleo, foram realizadas por meio de relacionamento com organizações de apoio local. Assim, mesmo que a cooperativa tenha ciência das demandas, faz-se necessário o engajamento de organizações de apoio na conversão de melhorias em realidade.

Esse fato também foi detectado na Aapi. Esta, por possuir um relacionamento de proximidade com organizações de apoio local, demonstrou-se mais eficaz na conversão de demandas de mercado em melhoramentos na produção e no produto. Assim, a convivência direta com o Sebrae e a UFPI foi determinante na utilização de conhecimentos técnicos específicos.

Em ambos os casos as demandas de mercado não contribuíram decisivamente para o alcance de melhorias funcionais e intersetoriais, mantendo as cooperativas como produtoras de matéria-prima a ser utilizada em outras indústrias. A utilização do óleo de babaçu para a produção de cosméticos da The Body Shop e o fracionamento e venda do mel homogeneizado da Aapi, sob a marca de compradores internacionais, são exemplos dessas demandas.

O travamento comercial é claramente representado pela necessidade das cooperativas de comercializar grandes quantidades de bens para poucos clientes, o que por um lado proporciona rápido retorno de investimentos para os cooperados, mas por outro reduz o estímulo para o alcance de relacionamentos de rede.

Debater então sobre maneiras de evitar os efeitos da exclusividade comercial nas cooperativas analisadas é reconhecer que os relacionamentos de comércio justo, isoladamente, não são capazes de sanar os problemas infraestruturais causados, sobretudo pela desatenção do Estado, e que as organizações de apoio local desempenham um papel fundamental no desenvolvimento de pequenas comunidades produtivas, a disseminação do conhecimento.

A aplicação de política pública embora detectada em apenas uma melhoria, a criação do entreposto de mel em 1995, é de fundamental importância no desenvolvimento de habilidades produtivas em pequenas cooperativas. As organizações de apoio local então se tornam os agentes responsáveis pelas responsabilidades do Estado.

Lições

O que fazer diante da situação de abandono do Estado para o desenvolvimento local? Que ações fomentaram o desenvolvimento das capacidades produtivas das comunidades analisadas a ponto de serem inseridas no mercado internacional?

As lições aqui apresentadas servem para elucidar pequenos produtores sustentáveis sobre maneiras de potencializar melhorias e evitar os possíveis efeitos maléficos de relacionamentos de exclusividade, através dos exemplos das comunidades produtivas de mel de Simplício Mendes e do babaçu do Lago do Junco.

Dessa forma apresentam-se os elementos que influenciaram o desenvolvimento de melhorias nas cadeias produtivas analisadas, de mel e de babaçu. As lições estão apresentadas em tópicos que retratam fatores determinantes no desenvolvimento socioeconômico das cooperativas analisadas, como as ações que propiciaram a conquista de terras das bases produtivas e a elevação do nível de escolaridade das comunidades.

Também retratam exemplos de como evitar o relacionamento de exclusividade comercial, potencializar o relacionamento com organizações de apoio local e com a cadeia de valor, utilizar a representação popular em busca de políticas públicas que aproveitem o potencial regional e utilizar a cadeia alternativa de comércio justo para inserção de produtos em mercados distantes.

A conquista de terras — garantia de exploração do potencial regional

No caso do mel, a Diocese de Floriano assume o papel de promotor da inclusão de membros da sociedade em práticas de subsistência, através da inserção da apicultura aliada à titularização de terras; enquanto, no caso do óleo de babaçu, as *quebradeiras de coco babaçu*, através de lutas pelo direito da terra, garantiram a extração e comercialização do babaçu como prática sustentável. A conquista da terra pelos membros das cadeias produtivas analisadas não obteve o apoio de políticas públicas.

Em ambos os casos é demonstrado que ações de manutenção do homem em sua região, pela utilização de potencial existente, podem beneficiar o desenvolvimento local. No caso do mel a garantia de terra possibilitou o desenvolvimento de potencial apícola. Assim a comunidade local inseriu a apicultura para a elevação do nível de renda da população.

No caso do óleo de babaçu, a conquista de terras pelo MIQCB[10] possibilitou a garantia de propriedades para o desenvolvimento de roças comunitárias e o acesso às matas de babaçu. Com isso a cultura de quebra de coco babaçu na região possibilita a elevação do nível de renda das quebradeiras de coco.

---

[10] Movimento das Quebradeiras de Coco Babaçu — criado em 1970 em comunidades dependentes do extrativismo vegetal babaçueiro que, por meio de movimentos populares, conseguiram garantir a reserva de coco babaçu da comunidade analisada em 1986, com a Lei Estadual nº 4.734, de 18 de junho, que garantiu a preservação das matas de babaçu e da atividade extrativista local, e seus membros compõem a base produtiva da Coppalj.

Vale ressaltar que ações de titularização ou transferência de terra devem ser acompanhadas da criação das condições mínimas de sobrevivência. No caso do óleo de babaçu, a ausência de eletricidade, de água encanada, de ensino de qualidade e de boas rodovias de acesso dificultou o desenvolvimento de habilidades que dependem dos recursos citados, contribuindo negativamente para a qualidade de vida dos habitantes locais.

As ações desenvolvidas pela Diocese de Oeiras não somente garantiram a posse da terra, transferindo para a população local os títulos que eram de sua propriedade, como também foram decisivas para a criação da infraestrutura local, com a abertura de açudes para uso da população local, da inserção de práticas de apicultura e caprinocultura e da garantia de recursos básicos como água encanada, eletricidade e de rodovias para o escoamento da produção, assumindo assim, integralmente, o papel do Estado ao patrocinar interesses de ordem pública.

Dessa forma deve-se atentar para a importância da aplicação de políticas públicas que possam integrar o acesso à terra com os meios capazes de garantir a sustentação socioeconômica da comunidade produtiva, pois nos casos analisados essas ações foram desenvolvidas através de movimento popular (MIQCB) e por organizações de apoio local (Diocese de Oeiras/Floriano), sem a participação efetiva do Estado.

Nível de educação e IDH

Segundo dados extraídos do *Atlas do desenvolvimento humano* (2003), o fator que mais contribuiu para o crescimento do índice de desenvolvimento humano (IDH) de ambos os municípios analisados foi a educação, contribuindo com 56,9% do crescimento de IDH em Simplício Mendes, elevando o índice de 1991 de 0,574 para 0,670 em 2000, e com 98,1% do crescimento do IDH no Lago do Junco, elevando o índice de 0,497 em 1991 para 0,566 em 2000.

Simplício Mendes se encontra em uma situação boa, segundo classificação do Pnud, em relação aos municípios piauienses, ocupando a 11ª posição, enquanto o município de Lago do Junco se encontra em posição intermediária ocupando a 134ª posição em relação aos municípios maranhenses.

Quando se classificou o IDH dos municípios citados em nível nacional, Simplício Mendes encontrou-se na 3.450ª posição, enquanto Lago do Junco ocupou a 5.159ª posição entre os 5.507 municípios brasileiros no ano de 2000 (*Atlas do desenvolvimento humano*, 2003), deixando em situação pior na classificação apenas 348 municípios em todo o país. Esse quadro demonstra que os 83 municípios do Maranhão que possuem IDH inferior ao município de Lago do Junco estão classificados entre os que apresentam os piores índices do Brasil.

O IDH dos municípios analisados reflete a dificuldade de obtenção de mão de obra qualificada nas localidades. A Aapi demonstra que a contratação de agentes com nível técnico ou superior favorece a disseminação de conhecimento específico na microrregião de Simplício Mendes, mas reconhece que sua base produtiva, devido a seu baixo nível de escolaridade, possui dificuldades de aplicação de práticas apícolas.

A gerência da Coppalj é composta por cooperados que possuem nível de escolaridade médio ou fundamental. Mesmo com as tentativas para elevar o nível de instrução técnico da gerência, ainda se faz necessária a contratação de indivíduos com experiência profissional específica e com maior entendimento de práticas de negócios, como a exportação, para garantir o início e a manutenção de relações de apoio. A base produtiva recebe formação através das escolas rurais, porém, ainda assim, a cooperativa é composta majoritariamente de pessoas com nível de escolaridade inferior ao médio.

O baixo nível de educação da gerência da Coppalj, portanto, afeta negativamente a prospecção de novos mercados, o planejamento estratégico da cooperativa, a diversificação de produtos, o relacionamento com organizações de apoio e a adesão a novos conhecimentos técnicos.

Ações de políticas públicas

A participação do Estado é mais visível no caso do mel, através de ações do governo do estado do Piauí e de organizações federais, como a UFPI e o Sebrae. Mesmo assim potencializou o desenvolvimento de apenas uma melhoria, a compra de equipamentos e indumentária apícola em 1995, com financiamento do Papp. No caso do babaçu as ações de políticas públicas que fomentem o desenvolvimento de melhorias não se fazem presentes.

A ascensão do Brasil no mercado melífero e a identificação do potencial de produção no Piauí explicam em parte a preocupação do governo piauiense de desenvolver condições que potencializem a produção apícola, enquanto o mercado de babaçu não propicia tais condições devido à impossibilidade de mecanização da produção, reduzindo assim o interesse do governo do Maranhão na promoção de ações que incentivem a expansão da atividade.

As melhorias detectadas nas cooperativas analisadas demonstram que as ações de políticas públicas são quase ausentes e que organizações de apoio local assumiram essas funções para a criação de infraestrutura local, para a promoção de ensino básico e para a viabilização de financiamentos.

O incentivo de ações que auxiliem o desenvolvimento de arranjos produtivos locais deve ser mais amplamente difundido, pois a amplitude dessas ações pode delimitar o sucesso e a sobrevivência de arranjos. No caso do mel, a melhoria proveniente do financiamento do Papp em 1995 para a aquisição de equipamentos, única das 13 melhorias patrocinadas por ação de política pública, possibilitou o primeiro grande salto da Aapi na criação de capacidade de beneficiamento do mel.

Ressalta-se que existe a necessidade de acompanhamento das ações que serão desenvolvidas pelas comunidades para a garantia da utilização correta dos recursos. No caso do babaçu, o movimento popular das *quebradeiras de coco babaçu* consegue, além de promover seus membros para cargos no legislativo municipal, fiscalizar e participar diretamente na composição de leis que amparem o desenvolvimento da comunidade babaçueira.

A ausência do Estado em ações educacionais afeta diretamente o nível de escolaridade da população. Exemplos como o fechamento da escola local da comunidade de Moreira, microrregião de Simplício Mendes, e a criação de escolas rurais pela Coppalj, no Lago do Junco, representam o completo abandono dessas regiões pelo poder público na disponibilização do ensino básico.

Relacionamento com organizações de apoio local

A rede externa da Aapi, que possibilita o contato direto com organizações de apoio local, torna viável o desenvolvimento e aplicação de novos conhecimentos dentro da prática apícola. Essa rede veio facilitar tanto a criação da cadeia produtiva do mel, como também auxiliou a inserção do mel de Simplício Mendes no mercado internacional.

No caso da Coppalj, a carência de relacionamento direto com organizações de apoio local, devido ao baixo nível de informação da gerência, levou a cooperativa a não atender a demandas de mercado, como demonstrado no exemplo da não exportação do óleo de babaçu refinado. Dessa forma o relacionamento das cooperativas com agentes externos está diretamente interligado com suas respectivas competências gerenciais.

O distanciamento da Coppalj de organizações como o Sebrae priva a cooperativa de ter acesso a importantes orientações, como sobre a disposição de evitar a manutenção de relacionamentos de exclusividade, valiosas para o melhor aproveitamento de seu potencial produtivo. Outro exemplo é a subutilização de outras potencialidades do coco babaçu, como o uso da casca como lenha ou carvão, ou a produção de álcool a partir do mesocarpo.

A rede de relacionamento externo favorece a divulgação de informações privilegiadas, como a disponibilidade de políticas públicas para o fomento de melhorias em arranjos produtivos, estratégias de desenvolvimento sustentável e o conhecimento das condições atualizadas das demandas de mercado.

As organizações de apoio locais não governamentais, como a Diocese de Oeiras e a Assema, assumiram papel importante na criação da infraestrutura local, no arranjo do mel, na disponibilização de orientação para o mercado e no arranjo de babaçu, assumindo em algumas situações as funções do Estado na promoção de políticas de desenvolvimento local.

Portanto, a ausência de relacionamento com organizações de apoio local coloca arranjos produtivos em situação precária na obtenção de informações que possibilitem a composição de planos estratégicos para o atendimento de demandas de mercado. Também é necessário o entendimento de que somente as demandas da cadeia de valor não são suficientes para o desenvolvimento de melhorias em pequenas cooperativas, de modo que as organizações de apoio viabilizam, através da divulgação de conhecimentos, a implementação de inovações para o atendimento de exigências comerciais.

Relacionamento com cadeia de valor

Mesmo com a cadeia de valor, na forma de demandas de mercado, representando a variável que mais influenciou o desenvolvimento de melhorias, as ações desenvolvidas por organizações de apoio local são determinantes para a criação da infraestrutura das cooperativas e para a aproximação efetiva com o mercado.

No caso do mel, as demandas de mercado, como o aumento da qualidade da produção, tiveram o auxílio direto de agências de fomento na implantação de novas técnicas, contribuíram para a disseminação de conhecimentos no arranjo e criaram a infraestrutura local.

No caso do babaçu, a não utilização de pesquisas científicas para novas utilizações do produto coloca a cooperativa em posição de produtor de matéria-prima. A venda de óleo de babaçu para o mercado interno não propicia demandas de melhorias para a cadeia produtiva do babaçu, mas o relacionamento com o mercado externo proporcionou a instalação de cantinas em 1994, a criação da fábrica de sabonetes em 1996 e o pedido não atendido de óleo de babaçu refinado em 1998.

Apesar das capacidades de aproveitamento do babaçu para produção de outros bens, como álcool de babaçu, a casca de babaçu para alimentação de fornalhas e a torta de babaçu para mercados de nicho como o de ração animal e de fertilizantes, não ocorre o pleno aproveitamento das capacidades produtivas da Coppalj.

Dessa maneira o relacionamento com a cadeia de valor para ambas as cooperativas analisadas proporcionou a atenção para a necessidade de realização de melhorias, mas a sua implantação necessitou do auxílio de organizações de apoio local. Para a ampliação das relações comerciais, através do cumprimento de demandas de mercado, é necessário o apoio de agências de fomento para auxiliar no desenvolvimento de estratégias, buscando-se evitar, por exemplo, resultados como a não realização da melhoria de 1998 no arranjo de óleo de babaçu.

Relacionamento de exclusividade

As relações comerciais de exclusividade das cooperativas analisadas com seus respectivos compradores proporcionam o mesmo resultado quanto à presença de inovações, melhorias de produto e de processo.

Em ambos os arranjos é evidente o direcionamento para estratégias de relacionamento de rede. No caso do óleo de babaçu, a Coppalj busca potencializar a venda de óleo de comércio justo com novos parceiros devido à queda no preço de venda do óleo no mercado interno. Por sua vez, a Aapi iniciou vendas para o mercado interno para solidificar a marca *Nutritivo Mel* no mercado brasileiro e se proteger das eventuais adversidades do mercado internacional, como a queda do preço do mel de US$ 2,01 em 2004 para US$ 1,31 em 2005.

O direcionamento para a estratégia de rede é capaz de propiciar tanto a presença de melhorias funcionais, necessárias para a exploração de novos mercados, como habilidades de design e marketing, quanto o mecanismo estratégico de defesa para a crescente competitividade do mercado.

Mesmo que os relacionamentos de exclusividade comercial se apresentem como maneira de sustentar economicamente cooperativas de pequeno porte, pela venda de grande parte da produção comercial, essa prática proporciona maior controle da cadeia de valor pelos compradores, que preferem comprar matéria-prima para o processamento de bens acabados.

A exclusividade comercial deve ser utilizada como maneira de adquirir as competências necessárias para o ingresso em relacionamentos de rede, possibilitando aos pequenos produtores a aquisição de capacidades básicas, como a criação de uma base produtiva para, posteriormente, alcançar novos mercados.

O caso do mel da Aapi é um exemplo dessa orientação. A cooperativa, entre 1994 e 2004, ampliou sua base produtiva e instalou mecanismos que lhe possibilitaram alcançar níveis de qualidade mundial. Esse fato tornou possível, em 2005, o início do relacionamento de rede com a venda de mel fracionado para o mercado interno, proporcionando o escoamento da produção com maior valor agregado.

A prática de comércio justo, que geralmente é uma relação de exclusividade, deve ser encorajada pelo potencial de estruturação da base produtiva de pequenos empreendimentos. Como demonstrado no caso da Coppalj, o relacionamento com a The Body Shop proporcionou os meios necessários para a estruturação da base produtiva e para a comercialização de óleo de babaçu. Ressalta-se que essa prática deve servir de mecanismo inicial, ou uma etapa intermediária, para que pequenos produtores alcancem posteriormente amplitude de rede.

A estratégia desenvolvida pela Coppalj, a venda de grande parte de sua produção sob apelo socioambiental, focando exclusivamente o mercado externo, acomoda a cooperativa na descoberta de novas utilizações para o óleo e outros subprodutos do babaçu, colocando a comunidade das quebradeiras de coco babaçu em travamento comercial.

Relacionamento de comércio justo

As práticas de comércio justo podem ser utilizadas na inserção de produtos em mercados distantes e na divulgação da imagem das empresas participantes, com a exploração do marketing social.

As primeiras exportações diretas realizadas pelas cooperativas, na Coppalj em 1994 e na Aapi em 2002, fizeram-se presentes por meio de parcerias de comércio justo, possibilitando a exposição da marca/produto em mercados distantes. No caso da Coppalj, a The Body Shop proporcionou a manutenção da estabilidade comercial com a compra de um contêiner de óleo de babaçu anualmente e, no caso do mel, a empresa italiana Libero Mondo importou 37 toneladas de mel, 16 em 2002 e 21 em 2004.

É necessária a atenção para as relações de comércio justo, pois elas potencializam a imagem dos produtos, mas não garantem totalmente a subsistência dos participantes. Assim as práticas de comércio justo devem ser utilizadas como instrumentos de criação de competências que auxiliem o desenvolvimento de vantagens para a conquista de novos mercados. A exploração do comércio justo possibilita a utilização de estratégias de mercado de nicho, obtendo maior valor pelo produto final uma vez que o consumidor está disposto a pagar mais pelo apelo socioambiental.

No caso de Lago do Junco, esse relacionamento garante a venda do litro de óleo de babaçu a US$ 3,00, possibilitando um acréscimo de até

US$ 2,26[11] por litro vendido para o mercado externo. No caso do mel o pagamento dos encargos logísticos de deslocamento de produtos para o porto mais próximo e de qualquer encargo fiscal a ser pago no trâmite de exportação foi realizado pela Libero Mondo. Tal fato possibilita à Aapi acrescer R$ 0,15 no preço do litro de mel comercializado.

As relações de comércio justo permitem às cooperativas analisadas conquistarem mercados distantes e obter maior valor agregado ao produto, mas não as estimulam a qualificar sua mão de obra para exportação, ocasionando a exportação passiva.

Em ambas as cooperativas a exportação é passiva, pois elas não possuem agentes capacitados para realizar trâmites logísticos, negociações em outras línguas ou a prospecção de novos mercados. As cooperativas aguardam o contato dos parceiros comerciais para iniciar o processo de venda, desenvolvendo uma relação de dependência tanto no caso do óleo de babaçu quanto no do mel.

É necessária a atenção para a orientação no sentido da conquista de novos mercados e maneiras de erradicar a exportação passiva, pois essa prática limita o alcance de novos parceiros comerciais e causa a dependência de outros agentes na resolução de problemas relacionados ao exercício cotidiano da atividade, tais como o retorno de remessas, questionamentos externos sobre a qualidade de mercadorias exportadas e trâmite logístico.

A manutenção das relações de comércio justo, que nos casos analisados são relações de exclusividade, contribui para a sustentabilidade dos participantes e para a sua aproximação de novos mercados, mas deve ser entendida como estágio intermediário de infraestruturação de pequenas comunidades que pretendem atingir maiores níveis de participação no mercado global.

Conclusão

A partir das lições expostas neste capítulo apresentam-se algumas conclusões sobre o papel das organizações de apoio local no desenvolvimento de

---

[11] Valores relativos ao preço do óleo no comércio justo e no mercado nacional em 1995 (US$ 3,00 preço justo – US$ 0,36 preço pago pelo mercado nacional = US$ 2,26).

pequenas comunidades produtivas, as maneiras de evitar o relacionamento de exclusividade comercial e as causas e consequências dos relacionamentos de comércio justo.

1. *As relações de comércio justo possibilitaram a inserção e a exposição de produtos de ambas as cooperativas no cenário internacional. Contudo as relações desenvolvidas no arranjo do mel devem ser classificadas apenas como negociações eventuais com vantagens mútuas, enquanto no arranjo do babaçu as práticas adotadas possibilitaram o desenvolvimento sustentável das quebradeiras de coco babaçu, aproximando-se mais, dessa forma, da ideologia de relacionamento justo.*

Ambas as cooperativas foram beneficiadas, com a inserção de suas marcas no mercado externo, através de relacionamentos que englobam a ideologia de comércio justo, demonstrando que existem vantagens para os envolvidos em relações comerciais baseadas nesse processo.

No entanto, mesmo com a inserção e a exposição de produtos no mercado internacional, as cooperativas não demonstram grande avanço na conquista de novos parceiros comerciais. No caso da Aapi o relacionamento com a empresa italiana Libero Mondo foi esporádico, mesmo gerando a venda de 37 toneladas de mel com o acréscimo de R$ 0,15 no valor do litro. A inserção da marca *Nutritivo Mel* no mercado exterior, sob o apelo de comércio justo, promoveu a exposição de produtos da cooperativa, passíveis de exportação, mas não gerou maior aproximação entre os envolvidos, ou com outros clientes.

Essa situação difere do caso do babaçu, pois o contrato de vendas com a empresa inglesa The Body Shop não somente proporcionou a sustentabilidade econômica da cooperativa, proporcionando geração e distribuição de renda entre as quebradeiras de coco, como permitiu a conquista de outros contratos comerciais. Até mesmo a política de elevação do preço de venda do óleo para US$ 3,00 foi mantida também pelos novos compradores, que valorizaram a compra de matéria-prima a preço acima do mercado, incentivando o consumo ético e hábitos comerciais de responsabilidade socioambiental.

O relacionamento com a The Body Shop também proporcionou a aproximação com outras organizações não governamentais e incentivou o desenvolvimento de produto mais elaborado, óleo refinado de babaçu, demonstrando desse modo ações diretas de cooperação para a elevação das capacidades produtivas da Coppalj. Mesmo assim a falência da economia babaçueira e a ausência de capacidades inovadoras, no arranjo do babaçu, limitam o alcance de mercado da cooperativa.

As relações comerciais, ditas de comércio justo, não podem limitar-se somente aos benefícios da exposição de produtos em um mercado de nicho, como o de consumo ético, mas devem desenvolver amplos laços de cooperação mútua para que a exploração do marketing social seja justificada. Assim o consumidor ético também possui a responsabilidade de investigar se a sua ação de consumo consciente realmente proporciona benefícios significativos no desenvolvimento social sustentável de comunidades menos favorecidas, garantindo assim que a exploração de seus hábitos represente uma forma verdadeira de mudança social.

2. *As organizações de apoio local, além de facilitarem a divulgação de conhecimento técnico-científico, fator primordial na conversão de demandas de mercado em inovações efetivas, assumiram o papel do Estado como agente de promoção do ensino básico, na garantia de terras e na criação da infraestrutura necessária para o aproveitamento das capacidades produtivas.*

Existe relação entre o fortalecimento do relacionamento com organizações de apoio local e a realização de melhorias. Nas melhorias implantadas no caso do mel, para a criação de sua cadeia produtiva, foi imprescindível o uso de conhecimentos repassados pela UFPI, possibilitando a inserção de técnicas de sombreamento e alimentação artificial e de melhores práticas de manejo, e pelo Sebrae, nas orientações fornecidas para aumento de qualidade do mel e para criação de reputação da cooperativa no mercado internacional.

No próprio caso da cooperativa de babaçu, que possui dificuldades de relacionamento com agentes externos, com a utilização do conhecimento de extração de óleo fornecido pela UFMA, conseguiu agregar valor a um de seus produtos, inserindo óleo de citronela no sabonete Babaçu Livre, o que ainda proporcionou o uso do seu refugo como inseticida ecológico.

As organizações de apoio local, no caso do babaçu, não podem ser responsabilizadas pela ausência de relacionamento com a Coppalj. A gerência da cooperativa salientou que houve inúmeras tentativas de aproximação do Sebrae, da Embrapa, da UFMA e de outras organizações para o desenvolvimento de ações de apoio a serem implantadas no arranjo. A ausência de relacionamento com essas organizações é fruto de conflitos já existentes na região entre as quebradeiras de coco e representantes do Estado.

A Coppalj faz-se representar pela eleição de delegados para a câmara municipal e da constante fiscalização das ações políticas. Esse comportamento demonstra a importância da representatividade popular na conquista de direitos, mas não substitui as relações com organizações de apoio local, pois estas disseminam conhecimentos de forma a potencializar o desenvolvimento de melhorias e consequentemente o desempenho do arranjo.

Nos casos analisados, a ausência de políticas públicas impulsionou organizações de apoio local, como a Assema no Lago do Junco e a Diocese de Oeiras em Simplício Mendes, a tomarem iniciativas que proporcionaram a organização da base produtiva e a criação de infraestrutura local. As ações da Assema na promoção da educação de sua base produtiva, na inserção da mulher no mercado de trabalho e na conquista de direitos ao acesso às matas de babaçu demonstram o total desamparo da população local quanto às ações governamentais que realmente proporcionem o desenvolvimento regional.

Desse modo a ausência da intervenção direta do Estado na promoção de ações que auxiliem o desenvolvimento de pequenas comunidades impede a criação de instrumentos essenciais na consolidação de arranjos produtivos. A pobre infraestrutura local de pequenas comunidades nordestinas, aliada à precariedade do ensino público, dificulta a aquisição de novas competências pela base produtiva.

As ações de auxílio ao desenvolvimento de pequenas comunidades produtoras, mesmo apontadas neste capítulo como as variáveis que menos influenciaram a implementação e o desenvolvimento de melhorias, são primordiais na detecção de capacidades produtivas locais para seu devido aproveitamento.

O financiamento do Papp, no arranjo produtivo do mel, possibilitou a criação da infraestrutura de processamento. A partir dessa melhoria a Aapi conseguiu, posteriormente, conquistar novos mercados com a diversificação de seus produtos. No caso do babaçu, a ausência de ações de auxílio, que tornem possível a utilização dos subprodutos da amêndoa do babaçu, posicionou a Coppalj como cooperativa dependente das relações de exclusividade comercial.

As demandas de mercado representam as exigências, normas ou atribuições a serem atendidas para a inserção eficiente de produtos ou serviços em uma cadeia de valor, mas é necessário, antes, estar inserido em uma relação comercial para que essas demandas se apresentem. Assim, antes do início das relações comerciais é imprescindível que exista a oferta de um bem ou serviço, ou um potencial relevante a ser desenvolvido.

Os casos das cooperativas analisadas relatam que agentes externos detectaram um potencial a ser explorado em cada região. Seguindo uma etapa lógica de desenvolvimento, as organizações de apoio vincularam a titularização de terras às atividades que utilizam os potenciais disponíveis em cada região, a apicultura no Piauí e a produção de óleo de babaçu no Maranhão.

O relacionamento com o mercado internacional, nos casos analisados, é consequência direta do relacionamento com organizações não governamentais de apoio que proporcionaram meios de produção para a utilização de potencial regional detectado.

Após a inserção da cooperativa melífera no mercado atentou-se para a elevação de padrões de qualidade da cadeia produtiva do mel e para a busca de meios capazes de viabilizar a disseminação do conhecimento técnico na região. Isso possibilitou inovações para o cumprimento de demandas de mercado.

Ressalta-se que compradores não demandaram diretamente da Aapi o aumento de produtividade ou melhorias de qualidade. No caso do mel as demandas de mercado se fizeram presentes pela observação diligente da rede externa de relacionamento da cooperativa para os padrões exigidos pelo mercado de tal produto.

O caso do babaçu ilustra um problema ainda mais grave enfrentado pela Coppalj na conversão de demandas de mercado em realidade. A pobre rede de auxílio da cooperativa a impediu de atender à demanda de 1998 — o pedido de óleo de babaçu refinado — privando-a assim da participação em outro mercado, o de produtos alimentícios.

Portanto, mesmo que as demandas de mercado sejam geradas pelo fator *relacionamento com a cadeia de valor*, a eficiência de pequenos produtores na conversão dessas demandas em realidade está diretamente atrelada à rede de relacionamento com instituições promotoras da infraestrutura local e a agentes disseminadores de conhecimento. O Sebrae e a UFPI foram determinantes na implementação de técnicas no arranjo do mel, enquanto, no caso do babaçu, a ausência de relacionamento com tais organizações é o fator que limita o desenvolvimento de melhorias.

3. *A prática de exclusividade comercial como estratégia de crescimento para arranjos produtivos locais de subsistência, se utilizada como mecanismo inicial na conquista do relacionamento de rede, não proporciona travamento comercial, mas a manutenção desses relacionamentos induz pequenos produtores a caírem em armadilhas não inovadoras.*

Para arranjos produtivos locais de subsistência, a inserção em relações de exclusividade, ao mesmo tempo em que proporciona a garantia de venda da produção, tende a limitar o alcance de novos mercados. A venda de grande parte da produção para poucos clientes, como no caso do mel, impossibilita a conquista de novas relações comerciais que poderiam representar a venda de mel beneficiado, agregando, assim, valor ao produto.

Mesmo que a orientação da United Nations Industrial Development Organization (Unido) para arranjos produtivos de pequeno porte seja a estratégia de rede, o caso do babaçu ilustra o problema de cooperativas que utilizam o relacionamento com o mercado internacional como estratégia de crescimento. No caso da Coppalj, o fim do relacionamento com a The Body Shop privaria a base produtiva da cooperativa da possibilidade de manter sua sustentabilidade econômica por meio da utilização do recurso disponível na região, o babaçu.

Desse modo a participação em relações de exclusividade não retarda o crescimento de um arranjo, mas a manutenção dessas relações impele o arranjo a aceitar o padrão de controle econômico exercido pelas cadeias em que está inserido, impedindo assim a criação de capacidades competitivas para o mercado global.

A participação em relações de exclusividade pode levar um arranjo a, num momento posterior, ingressar em relacionamento de rede, pela aquisição de novos conhecimentos de mercado e da conquista de novos parceiros comerciais. Mas para que isso aconteça o relacionamento com órgãos de apoio local deve ser estimulado de modo a converter as demandas de mercado impostas pela cadeia de valor em realidade.

4. *O baixo nível de escolaridade das bases produtivas dos arranjos e a falta de competência gerencial nas cooperativas analisadas são os maiores empecilhos na realização de melhorias.*

O baixo nível de escolaridade das bases produtivas das cooperativas analisadas afetou negativamente a divulgação de informações repassadas por organizações de apoio. Fato que se demonstrou um agravante para a Coppalj, pois sua gerência é composta por membros da sua base produtiva.

Para que exista a presença de melhorias em arranjos produtivos locais sustentáveis é primordial a atenção para o nível de instrução dos envolvidos, principalmente em funções gerenciais. A realização de maior quantidade de melhorias no caso do mel pode ser explicada pela maior capacitação da gerência dessa cooperativa, que proporcionou assim maior aproveitamento dos recursos oferecidos por relacionamentos com organizações de apoio local, possibilitando maior conversão de demandas de mercado em realidade.

Torna-se evidente que as condições sociais das comunidades analisadas afetam diretamente o desenvolvimento de relações de exclusividade, devido ao baixo potencial da população local no envolvimento em atividades que necessitem de utilização de conhecimentos específicos.

Ações desenvolvidas pela Coppalj, como a criação de escolas agrícolas, devem ser ampliadas em regiões carentes, mas devem ser amparadas pela rede pública de ensino, garantindo assim a elevação dos níveis de conhecimento, não somente dos participantes dos arranjos, como da população local. Assim, ações de políticas públicas devem ser desenvolvidas e monitoradas pela população local, para que sejam criadas condições necessárias ao desenvolvimento em regiões como o Nordeste brasileiro.

A prática de exportação passiva demonstra ineficiência de cooperativas, que dependem da comercialização de produtos com o mercado internacional e que não possuem representantes fluentes em outro idioma para a prospecção de mercado, limitando assim a conquista de novos parceiros comerciais e a obtenção de informações do mercado.

A diferença existente na escalada do arranjo do mel para relacionamentos de rede e a impossibilidade do arranjo babaçueiro de evitar o travamento comercial demonstra, por um lado, que a correta utilização de infraestrutura e de conhecimento tácito, produzido através de relacionamentos exclusivos, favorece a posterior conquista de maiores amplitudes de rede. Todavia a manutenção das relações de exclusividade comercial e a ineficiente utilização do potencial da infraestrutura existente propiciam o travamento comercial.

A atenção então se volta para a utilização de conhecimentos tácitos na conquista de inovações, permitindo a pequenos produtores utilizar ao máximo o potencial de suas respectivas cadeias produtivas. A maior presença de inovações no caso do mel aponta que a Aapi passou a utilizar novos conhecimentos para atendimento de demandas de mercado, possibilitando assim maior aproveitamento da cadeia produtiva do mel, enquanto a subutilização da cadeia do babaçu demonstra as dificuldades da Coppalj na inserção e na produção de novos conhecimentos.

Referências bibliográficas

AMORIM, M. Alves. *Clusters como estratégia de desenvolvimento industrial no Ceará*. Fortaleza: Banco do Nordeste, 1998.

ASSEMA (Associação de Assentamento de Terras do Maranhão). Do babaçu tudo se aproveita. Uma troca de informações e experiências de comercialização associada na agricultura familiar. *Circular 2005 Recopa*, maio 2005.

ATLAS DO DESENVOLVIMENTO HUMANO NO BRASIL. Rio de Janeiro: Pnud;Ipea;Fundação João Pinheiro, 2003.

CALDAS, Eduardo de Lima. Pólo de apicultores no sertão do Piauí. In: SEMINÁRIO INTERNACIONAL DE DESENVOLVIMENTO LOCAL NA INTEGRAÇÃO, ESTRATÉGIAS, INSTITUIÇÕES E POLÍTICAS, 1., 19/21 maio 2004, Rio Claro. *Anais...* Rio Claro: Universidade Estadual Paulista. 13p.

EFTA (European Free Trade Association). *Annual Report 2002*. European Fair Trade Organization.

HUMPHREY, John. Opportunities for SMEs in developing countries to upgrade in a global economy: series on upgrading in small enterprise clusters and global value chains. *Seed Working Paper*, n. 43, 2003.

_____; SCHMITZ, Hubert. How does insertion in global value chains affect upgrading in industrial clusters? *Regional Studies*, v. 36, n. 9, p. 1017-1027, Dec. 2002.

LASTRES, Helena; CASSIOLATO, José. Novas políticas na era do conhecimento: o foco em arranjos produtivos e inovativos locais. *Revista de Parcerias Estratégicas*, fev. 2003.

NICHOLLS, Alex; OPAL, Charlotte. *Fair trade*: market driven ethical consumption. London: Sage, 2005.

PELSMAKER, Patrick; DRIESEN, Liesbeth; RAYP, Glenn. Do consumers care about ethics? Willingness to pay for fair-trade coffee. *The Journal of Consumers Affair*, v. 39, n. 2, 2005.

SEBRAE (Serviço de Apoio as Micro e Pequenas Empresas). *Success case* — histórias de sucesso, experiências empreendedoras. Belo Horizonte: Sebrae, 2003.

_____. Os desafios da apicultura. *Revista de Agronegócios*, n. 3, maio 2006.

4

Exigências ambientais em arranjos produtivos locais: o caso dos arranjos moveleiros em Bento Gonçalves e São Bento do Sul

José Jorge A. Abdalla
José Antonio Puppim de Oliveira
Delane Botelho
Milber Fernandes M. Bourguignon

Nos últimos anos a literatura sobre pequenas e médias empresas (PMEs) e seus arranjos produtivos locais (APLs) ou *clusters* tem crescido no Brasil e no mundo. Entretanto há poucos estudos sobre como o mercado, especialmente exterior, influencia os padrões sociais, ambientais e laborais, e, consequentemente, as relações entre empresas e instituições. Alguns dos APLs existentes no país estão voltados, na sua totalidade ou em grande parte, ao mercado externo, como ocorre nos *clusters* da indústria moveleira do Sul do país. Esses APLs têm atuado com graus diferentes de sucesso, cujas razões não estão, ainda, suficientemente esclarecidas.

Sendo uma atividade que não exige alto grau de tecnologia, a indústria moveleira caracteriza-se por um número elevado de micro e pequenas empresas e absorção de um grande número de trabalhadores, o que tem levado os governos à adoção de instrumentos de políticas públicas, econômicas e fiscais para estimular a implantação e ampliação do setor. Apesar disso, os vários polos moveleiros regionais já estudados apresentam marcantes peculiaridades.

Deve ser destacada, ainda, a existência de um contexto de grande concorrência externa para a colocação de produtos, com os compradores dos países desenvolvidos, especialmente europeus, cada vez mais exigentes a respeito da procedência e manejo ambiental das madeiras utilizadas na criação dos móveis, não raro exigindo a apresentação de certificações ambientais do tipo ISO 14001.

Assim, neste capítulo, procurou-se estudar até que ponto as indústrias exportadoras de móveis encontraram barreiras de cunho ambiental para a colocação de seus produtos no exterior e de que maneira conseguiram ultrapassar essas barreiras.

Arranjos produtivos locais

Arranjos produtivos locais (APLs) são aglomerações territoriais de agentes econômicos, políticos e sociais, com foco em um conjunto específico de atividades econômicas, que apresentam vínculos mesmo que incipientes. Geralmente envolvem a participação e a interação de empresas — que podem ser desde produtoras de bens e serviços finais até fornecedoras de insumos e equipamentos, prestadoras de consultoria e serviços, comercializadoras, clientes, entre outros — e suas variadas formas de representação e associação. Incluem também diversas outras organizações públicas e privadas voltadas para: formação e capacitação de recursos humanos, como escolas técnicas e universidades; pesquisa, desenvolvimento e engenharia; política, promoção e financiamento.

Um APL é caracterizado pela existência da aglomeração de um número significativo de empresas que atuam em torno de uma atividade produtiva principal. Para isso, é preciso considerar a dinâmica do território em que essas empresas estão inseridas, tendo em vista o número de postos de trabalho, faturamento, mercado, potencial de crescimento, diversificação, entre outros aspectos.

A noção de território é fundamental para a atuação de APLs. No entanto, a ideia de território não se resume apenas à sua dimensão material ou concreta. Território é um campo de forças, uma teia ou rede de relações sociais que se projetam em um determinado espaço. Neste sentido, o APL também é um território onde a dimensão constitutiva é econômica por definição, apesar de não se restringir a ela.

Nesse contexto, discute-se, cada vez mais, o papel que as micro e pequenas empresas (MPEs) podem ter na reestruturação produtiva, assim como no desenvolvimento de regiões e países, tendo-se, como mote principal, o reconhecimento de que o aproveitamento das sinergias coletivas geradas pela participação em aglomerações produtivas locais efetivamente fortalece as chances de sobrevivência e crescimento, particularmente das MPEs, constituindo importante fonte geradora de vantagens competitivas duradouras.

Cassiolato e Lastres (2003) apontam para o fato de que alguns dos principais economistas no século XIX já destacavam a importância de entender as sinergias entre a concentração espacial de atividades produtivas e a própria evolução da civilização. Porém, durante quase 100 anos tal aspecto foi praticamente esquecido pelas teorias econômicas hegemônicas que deixaram de lado a dimensão espacial da atividade econômica.

De uma maneira geral, pode-se dizer que, hoje em dia, é amplamente aceito que as fontes locais da competitividade são importantes, tanto para o crescimento das empresas quanto para o aumento da sua capacidade de inovação. A ideia de aglomerações torna-se explicitamente associada ao conceito de competitividade, principalmente a partir do início dos anos 1990, o que parcialmente explica seu forte apelo para os formuladores de políticas. Dessa maneira, distritos industriais e APLs tornam-se tanto unidade de análise quanto objeto de ação de políticas industriais. Muitas organizações (centros de pesquisas, organismos governamentais e consultorias) realizam estudos sobre aglomerações em que a especialização e a competitividade econômicas são reinterpretadas dentro de uma perspectiva de interações. A ênfase nessa dimensão foi reforçada com o sucesso observado na aglomeração espacial de empresas tanto em áreas *hi-tech* (Vale do Silício), quanto em setores tradicionais (regiões da Terceira Itália).

Num mundo crescentemente globalizado, as possíveis articulações entre os agentes locais inexoravelmente se relacionam a (e dependem de) outras articulações com agentes localizados fora do território. Deve-se, portanto, buscar entender sob que sistema de coordenação se estabelecem (ou podem ser estabelecidas) as relações de caráter local entre empresas e instituições. A literatura produzida sobre *clusters*, principalmente a partir da década de 1990, colocou o tema em relevância e abriu discussões sobre as políticas econômicas, públicas e sociais.

A indústria moveleira no Brasil

A indústria brasileira de móveis é composta de aproximadamente 13.500 empresas, das quais cerca de 10 mil microempresas (até 15 funcionários), 3 mil pequenas empresas (de 15 até 150 funcionários) e apenas 500 empresas de porte médio (acima de 150 funcionários). Localizando-se, em sua maioria, na região Centro-Sul do país, as empresas caracterizam-se pela organização em polos regionais, sendo os principais os de Bento Gonçalves, no Rio Grande do Sul; São Bento do Sul, em Santa Catarina; Arapongas, no Paraná; Mirassol, Votuporanga e região metropolitana de São Paulo, no estado de São Paulo; e Ubá, em Minas Gerais.

Segundo o Ministério de Desenvolvimento da Indústria e Comércio (Brasil, 2007), a indústria moveleira emprega, no Brasil, cerca de 300 mil trabalhadores diretamente na produção, gerando 1,5 milhão de empregos diretos, indiretos e correlatos. A tabela apresenta a evolução da receita, consumo doméstico e exportações da indústria moveleira brasileira entre 2003 e 2006.

Receita, consumo doméstico e exportações do setor moveleiro — 2003-06 (R$ milhões)

	2003	2004	2005	2006	Variação (%)
Receita	10.095	12.543	12.051	14.133	40,0
Consumo doméstico	8.934	10.060	9.901	13.314	49,0
Exportações	2.055	2.774	2.429	2.081	1,26

Fonte: Agência Brasileira de Desenvolvimento Industrial (2008).

Os polos de Bento Gonçalves e São Bento do Sul juntos são responsáveis por 75% das exportações de móveis brasileiros. O polo de Bento Gonçalves está localizado na região serrana do estado e inclui outros municípios, como Flores da Cunha e Antônio Prado, sendo constituído por cerca de 160 empresas, empregando cerca de 6 mil funcionários e faturando acima de R$ 1 bilhão. O polo moveleiro de São Bento do Sul inclui também os municípios de Rio Negrinho e Campo Alegre, no Vale do Rio Negro, e é composto, aproximadamente, de 170 empresas e, sozinho, é responsável por mais da metade das exportações de móveis do país.

Enquanto o polo de Bento Gonçalves está voltado principalmente para a fabricação de móveis retilíneos seriados (de madeira aglomerada, chapa dura e MDF), o polo de São Bento do Sul é especializado em móveis torneados de madeira maciça, especialmente pínus.

O crescimento das exportações na última década obrigou a indústria a se reequipar no mercado internacional com máquinas e equipamentos de última geração, para garantia da qualidade dos seus produtos e de maiores escalas de produção. A redução a zero das alíquotas das máquinas e equipamentos importados, sem similares de fabricação nacional, contribuiu muito para essa renovação.

As exportações do setor cresceram rapidamente nos últimos anos. De um total exportado de US$ 351 milhões em 1996, atingiu-se US$ 940,6 milhões em 2004 representando 0,98% das exportações brasileiras. Os principais mercados para os produtos brasileiros foram União Europeia, Estados Unidos e Mercosul.

Metodologia

A pesquisa iniciou-se com a identificação das empresas exportadoras junto às entidades de classe locais, como o Sindicato das Indústrias de Construção e Mobiliário de São Bento do Sul (Sindusmobil), Sindicato das Indústrias de Construção e do Mobiliário de Bento Gonçalves (Sindmoveis), Associação das Indústrias de Móveis do Estado do Rio Grande do Sul (Movergs), além da Associação Brasileira das Indústrias do Mobiliário

(Abimovel). Os primeiros contatos foram feitos por telefone e posteriormente em visitas àquelas entidades. Em seguida foram feitas entrevistas e aplicados questionários-teste junto aos responsáveis pelas áreas de gestão ambiental ou exportação de quatro empresas locais para definir a forma e o conteúdo do questionário a ser aplicado.

Os questionários foram aplicados no último trimestre de 2004 por estudantes das universidades locais junto às empresas exportadoras previamente identificadas nos polos moveleiros de Bento Gonçalves (RS) e São Bento do Sul (SC), tendo sido recebidas e analisadas respostas de 76 empresas. Além das entrevistas e questionários foram utilizados dados secundários, obtidos a partir de consulta à internet e publicações especializadas do setor.

O questionário foi composto de 13 perguntas fechadas com alternativas de respostas não excludentes. Os dados de cinco das perguntas foram obtidos por uma escala Likert de cinco pontos e os de outras quatro perguntas, por uma escala de diferencial semântico também de cinco pontos, variando de muito baixa a muito alta. Nas figuras a seguir são apresentadas as médias das respostas de cada uma das variáveis. Nas demais perguntas não se utilizou o formato de escalas para as respostas. Os resultados apresentados refletem a percepção dos gerentes sobre tópicos específicos, e não a realidade propriamente dita.

Resultados

A análise dos dados obtidos na pesquisa com relação à gestão ambiental das empresas indicou que, para as empresas moveleiras, a certificação de origem da matéria-prima (Forest Stewardship Council − FSC, ou outras) é mais importante do que a certificação de sistema de gestão ambiental (International Organization for Standardization − ISO 14001, ou outras). As empresas consultadas, em média, concordam com a afirmativa de que o mercado externo é mais exigente do que o nacional nas questões ambientais e têm investido na melhoria dos padrões ambientais para exportação (figura 1).

Figura 1
Gestão ambiental na empresa

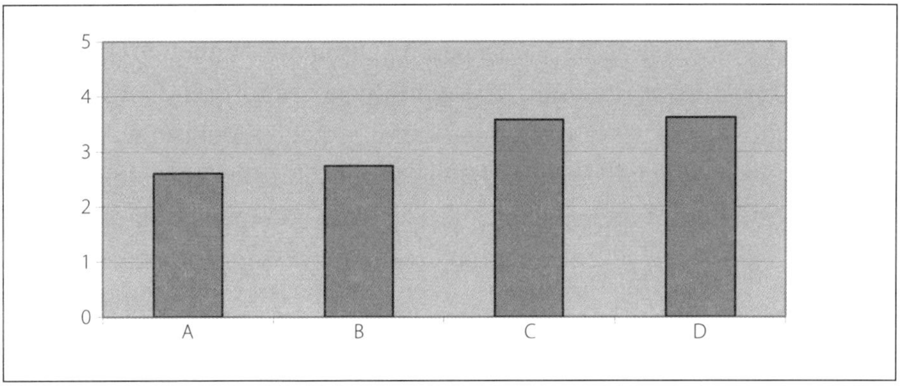

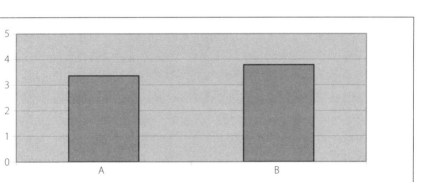

Escala de Likert em que 1 = discordo totalmente, e 5 = concordo totalmente.
A. A certificação de sistema de gestão ambiental (ISO 14000, ou outras) é fundamental para a exportação de nossos produtos.
B. A certificação de origem da matéria-prima (FSC, ou outras) é fundamental para a exportação de nossos produtos.
C. Comparado ao Brasil, o mercados externo é mais exigente em relação às questões ambientais da empresa.
D. Nossa empresa tem investido significativamente na melhoria de nossos padrões ambientais para exportação.

Figura 2
Fazer parte de um polo moveleiro tem ajudado a empresa

A. A resolver seus problemas ambientais.
B. A aumentar suas exportações.

Pelas respostas apresentadas, verifica-se que as empresas pesquisadas consideram que o fato de fazerem parte de APLs tem sido um fator mais importante para o aumento de suas exportações do que para resolver seus problemas ambientais (figura 2). Por exemplo, o Serviço Nacional de Aprendizagem Industrial (Senai) local estabeleceu o Centro Tecnológico do Mobiliário (Cetemo), que, além de treinamento e pesquisa para melhoria de processos no setor, também é capacitado a fazer testes de qualidade socioambiental, como, por exemplo, medir a qualidade da tinta dos móveis (requerimento da União Europeia para que a tinta não seja tóxica).

Ao serem indagadas sobre sua preparação para atendimento às exigências ambientais de fatores reconhecidamente controlados nos países mais avançados no mundo (origem das matérias-primas, toxicidade da pintura, processo de pintura, sistema de gestão ambiental, questões trabalhistas), as empresas moveleiras consideraram-se entre razoável e altamente preparadas para atendê-las, sendo que sobre o item "questões trabalhistas" existe a percepção de que a preparação excede ligeiramente as demais (figura 3).

Figura 3
Preparação para atender às exigências ambientais do mercado externo

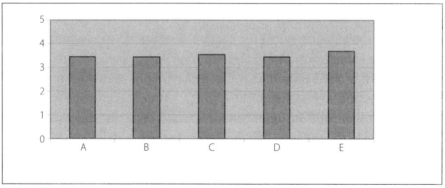

Escala de diferencial semântico, em que 1 = "muito baixa", e 5 = "muito alta".
A. Origem das matérias-primas.
B. Toxicidade da tinta.
C. Processo de pintura.
D. Sistema de gestão ambiental.
E. Questões trabalhistas.

Outro ponto pesquisado, a exigência de organizações externas em relação às questões ambientais, mostra que aquelas feitas pelos clientes externos da empresa são claramente superiores às de outras entidades, como bancos, clientes nacionais ou organizações não governamentais. Os únicos órgãos cujas exigências ambientais se aproximam das feitas pelos clientes estrangeiros são os órgãos ambientais dos governos estaduais — no caso sendo entendidos especificamente como as Fundações de Meio Ambiente de Santa Catarina e do Rio Grande do Sul, onde está localizada a totalidade das empresas que fizeram parte da pesquisa (figura 4).

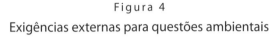

Figura 4
Exigências externas para questões ambientais

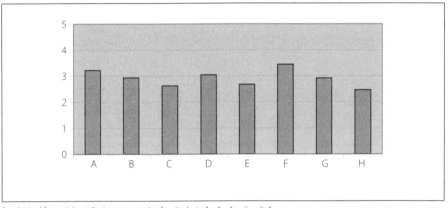

Escala de diferencial semântico, em que 1 = "muito baixa", e 5 = "muito alta".
A. Órgão ambiental do governo estadual (Fepam).
B. Prefeitura.
C. Bancos.
D. Seguradoras.
E. Clientes nacionais.
F. Clientes internacionais.
G. Sindicato patronal do setor.
H. Comunidade ou organizações não governamentais (ONGs).

A atribuição aos clientes internacionais das maiores exigências ambientais, por sua vez, é ressaltada nas respostas à pergunta seguinte, onde é reforçada a percepção de que o mercado europeu é mais exigente em termos ambientais do que o mercado norte-americano, além do Mercosul e do próprio mercado interno (figura 5).

Entre os fatores que as empresas exportadoras de móveis consideram que mais dificultam uma melhor atuação ambiental destaca-se o custo elevado dos equipamentos. Fatores como falta de informações técnicas, mudança de legislação, falta de financiamento e custo de mão de obra foram considerados menos prejudiciais à atuação ambiental da empresa do que o custo dos equipamentos (figura 6).

Figura 5
Exigências ambientais por mercado

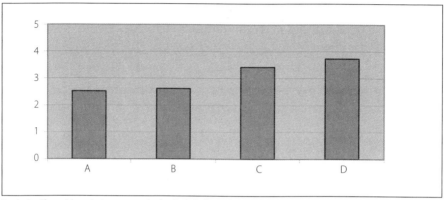

Escala de diferencial semântico, em que 1 = "muito baixa", e 5 = "muito alta".
A. Brasil.
B. Mercosul.
C. Estados Unidos.
D. União Europeia.

Figura 6
Fatores que dificultam a atuação ambiental

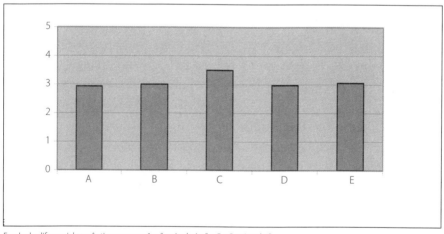

Escala de diferencial semântico, em que 1 = "muito baixa", e 5 = "muito alta".
A. Falta de informações técnicas.
B. Mudança constante de regulamentação ambiental.
C. Custo elevado dos equipamentos.
D. Falta de financiamento.
E. Custo elevado de mão de obra.

Exigências ambientais em arranjos produtivos locais | 131

A pesquisa constatou que das 76 empresas pesquisadas a grande maioria (63) possui licenciamento ambiental, embora apenas nove possuam certificação de gestão ambiental (ISO 14001, ou outras). A certificação de origem de matéria-prima (FSC, ou outras) é um documento que 43% das empresas (33) afirmaram possuir, o que pode certamente ser atribuído à matéria-prima utilizada — madeira e derivados — já que a sociedade organizada tem pressionado intensamente pela manutenção de matas nativas.

Três das empresas pesquisadas afirmaram que deixaram de exportar algum de seus produtos por não cumprir exigências ambientais dos possíveis compradores nos últimos três anos. As exigências foram de madeira certificada e certificado de qualidade europeu, por países como Canadá e União Europeia. Por outro lado, 17 dessas empresas afirmaram ter feito exigências de adequação ambiental a algum de seus fornecedores, principalmente quanto ao uso de vernizes não poluentes e madeiras certificadas.

Considerações finais

Os resultados da pesquisa realizada, em virtude do método aplicado, não podem ser extrapolados para o universo das firmas exportadoras de móveis do Brasil. Entretanto, o fato de o trabalho ter sido feito junto a APLs onde se concentram cerca de 75% das empresas exportadoras de móveis brasileiros poderá ajudar a entender a percepção de uma parcela representativa de dirigentes das áreas ambientais e de exportação dessas empresas.

Apesar dos polos estudados estarem voltados para a mesma finalidade e ambos serem os exemplos mais bem-sucedidos da conquista de mercados externos para o mobiliário brasileiro, existem diferenças de atuação entre cada um deles que poderiam ser mais bem percebidas pela realização de uma pesquisa qualitativa. Sugerimos que novas pesquisas sejam feitas a partir dos resultados apresentados e que, por exemplo, aprofundem a investigação de fatores que poderiam ser estimulados na gestão de outros APLs que buscam sua viabilidade no incentivo às exportações.

Acreditamos ainda que os resultados obtidos nesta pesquisa poderão servir de subsídio às políticas públicas pensadas para o desenvolvimento sustentável com foco em APLs, além de contribuir para o debate que acadêmicos, formuladores de políticas públicas e tomadores de decisão fazem sobre o tema. O desenvolvimento dos APLs torna-se elemento essencial para a competitividade dos fabricantes de móveis, principalmente os de menor porte, que passam a ter a oportunidade de aproveitar as externalidades positivas geradas localmente.

Referências bibliográficas

ABDI (Agência Brasileira de Desenvolvimento Industrial). *Relatório de acompanhamento setorial da indústria moveleira*. 2008. v. 1.

ALTEMBURG, T.; MEYER-STAMER, J. How to promote clusters: policy experiences from Latin America. *World Development*, v. 27, n. 9, p. 1693-1713, 1999.

AMORIM, M. Alves. *Clusters como estratégia de desenvolvimento industrial no Ceará*. Fortaleza: Banco do Nordeste, 1998.

BRASIL. Ministério de Desenvolvimento da Indústria e Comércio. *Cadeias produtivas*: madeira e móveis. 2007. Disponível em: <http://www.mdic.gov.br>.

CASSIOLATO, José Eduardo; LASTRES, Helena M. M. O foco em arranjos produtivos e inovativos locais de micro e pequenas empresas. In: _____; _____; MACIEL, Maria Lúcia (Orgs.). *Pequena empresa*: cooperação e desenvolvimento local. Rio de Janeiro: Relume-Dumará, 2003.

_____; SZAPIRO, Marina. Uma caracterização de arranjos produtivos locais de micro e pequenas empresas. In: _____; LASTRES, Helena M. M.; MACIEL, Maria Lúcia (Orgs.). *Pequena empresa*: cooperação e desenvolvimento local. Rio de Janeiro: Relume Dumará, 2003.

_____; _____; et al. Arranjos e sistemas produtivos locais e proposições de políticas de desenvolvimento industrial e tecnológico. In: SEMINÁRIO LOCAL CLUSTERS, INNOVATION SYSTEMS AND SUSTAINED COMPETITIVENESS. *Anais...* Rio de Janeiro: BNDES, 2000. Nota Técnica 27.

CNI (Confederação Nacional da Indústria). *A importância do design para a sua empresa*. Brasília, 1998.

COUTINHO, Luciano et al. *Design na indústria brasileira de móveis.* Curitiba: Abimóvel, Alternativa Editorial, 2001.

LEITURA MOVELEIRA. *Estudos.* O mercado norte-americano de móveis. Curitiba: Alternativa Editorial, 1999.

MARKUSEN, Ann. The interaction between regional and industrial policies: evidence from four countries (Korea, Brazil, Japan, and the United States). In: ANNUAL WORLD BANK CONFERENCE ON DEVELOPMENT ECONOMICS, 1994. *Proceedings...*, p. 279-298.

_____. Sticky places in slippery space: a typology of industrial districts. *Economic Geography*, n. 72, p. 293-313, 1996.

MARTIN, Ron; SUNLEY, Peter. Deconstructing clusters: chaotic concept or policy panacea? *Journal of Economic Geography*, n. 3, p. 5-35, 2003.

MEYER-STAMER, J. Path dependence in regional development: persistence and change in three industrial clusters in Santa Catarina, Brazil. *World Development*, v. 26, n. 8, p. 1495-1511, 1998.

PIORE, M. J.; SABEL, C. F. *The second industrial divide*: possibilities for prosperity. New York: Basic Books, 1984.

PORTER, Michael E. Clusters and the new economics of competition. *Harvard Business Review*, Boston, v. 76, n. 6, p. 77-90, Nov./Dec. 1998.

RABELLOTTI, R.; SCHMITZ, H. The internal heterogeneity of industrial districts in Italy, Brazil and Mexico. *Regional Studies*, n. 33, p. 97-108, 1999.

SCHMITZ, H. Small shoemakers and fordist giants: tale of a supercluster. *World Development*, v. 23, n. 1, p. 9-28, 1995.

_____; NADVI, K. Clustering and industrialization: introduction. *World Development*, v. 27, n. 9, p. 1503-1514, 1999.

SOUZA, M. B. *Clusters como estratégia de desenvolvimento sustentável de pequenas empresas do setor moveleiro de Colatina — ES.* Versão preliminar de dissertação de mestrado. 2004.

TENDLER, J. Small firms, the informal sector, and the devil's deal. *IDS Bulletin*, v. 33, n. 3, July 2002.

5

Clusters de micro, pequenas e médias empresas na área de produtos regionais: uma estratégia alternativa de desenvolvimento da Zona Franca de Manaus

João Carlos Paiva da Silva
José Antonio Puppim de Oliveira

Os novos ambientes econômicos mundiais, caracterizados pela globalização da economia e da produção, expõem as empresas a uma maior concorrência internacional e impõem novos desafios e oportunidades. Nesse cenário, opera em Manaus o modelo ZFM, que necessita se ajustar às novas condições impostas não só pela economia internacional, como também pela conjuntura econômica brasileira.

A Zona Franca de Manaus (ZFM) foi criada em 1957, baseada no modelo convencional de "zona franca" (*free trade zone*), muito usado em várias partes do mundo, como forma de promover o desenvolvimento de regiões economicamente retraídas e isoladas geograficamente dos grandes mercados nacionais e mundiais, caso da região amazônica. Na sua forma original, esse projeto não conseguiu atender às expectativas, em razão da precariedade de uma plataforma industrial, quase inexistente em Manaus, do grande distanciamento dos principais mercados consumidores e da insuficiente infraestrutura logística local. Somente com a edição do Decreto-Lei nº 288/67, que adicionou um elenco de incentivos fiscais voltados para a implantação de um centro comercial, um centro industrial e outro agropecuário na região, com vigência inicial de 30 anos, é que foi possível a viabilização do projeto ZFM.

Com a isenção do imposto sobre produtos industrializados (IPI) e a redução do imposto de importação (II), incentivos fiscais federais concedidos, a ZFM cresceu rapidamente nos seus primeiros anos de existência, uma vez que houve uma resposta imediata dos investidores do setor comercial. Isso transformou a cidade de Manaus de um vazio econômico em um importante centro de compras de produtos importados. O turismo doméstico movimentou o comércio, uma das atividades econômicas que precisava ser alavancada.

Com a inauguração do Distrito Industrial (DI), efetivamente se iniciou a instalação do Polo Industrial de Manaus (PIM), com a implantação dos primeiros projetos industriais aprovados pelo Conselho de Administração da Superintendência da Zona Franca de Manaus (Suframa).[1] O DI está localizado em uma área de terra reservada de propriedade da União, destinada a receber os empreendimentos industriais incentivados. Essa área, dividida em lotes, constituiu mais um benefício oferecido às indústrias, porque cada um poderia ser adquirido da Suframa, a preços subsidiados (atualmente R$ 1,00/metro quadrado) e pagáveis em até 12 prestações.

Hoje, o parque industrial da ZFM conta com empresas de diversas áreas tecnológicas e está segmentado em subsetores industriais basicamente compostos por empresas de fora da região (nacionais/internacionais).

Por funcionar com importações diretas, a ZFM é um projeto que vem sendo constantemente afetado pela conjuntura econômica do país, mas tem resistido às intempéries econômicas e incertezas políticas, e diante das variáveis macroeconômicas vem se mantendo como um modelo de desen-

---

[1] Órgão da administração pública federal, atualmente vinculado ao Ministério do Desenvolvimento, Indústria e Comércio Exterior (MDIC), criado pelo Decreto-Lei nº 288, de 28 de fevereiro de 1967, como uma entidade autárquica, com personalidade jurídica e patrimônio próprio, autonomia administrativa e financeira, com sede e foro na cidade de Manaus, capital do estado do Amazonas, e inicialmente instituído como responsável pela administração da área de atuação, das instalações e prestação dos serviços referentes à ZFM, área física também instituída por essa legislação.

volvimento regional que cumpre com seu papel. Ocorre que, devido a sua vulnerabilidade e decretação final dos incentivos fiscais federais (IPI e II) estabelecida para 2013,[2] corre-se o risco de haver uma emigração de empresas industriais para outras regiões, o que acarretará certamente problemas, tanto de ordem econômica quanto social ao estado do Amazonas e à região.

Nesse período de benefício ainda dos incentivos fiscais, para que o projeto ZFM tenha condições de permanência e dê prosseguimento aos êxitos até hoje alcançados, é fundamental que a sua atual base industrial possibilite o aparecimento de novos polos ou distritos industriais, em especial, constituídos de indústrias que possam se desenvolver com o aproveitamento da matéria-prima regional de forma sustentável.

Promover o desenvolvimento da Amazônia sem destruir tão valioso patrimônio natural é um desafio e um compromisso que se deve ter diante desse instigante e misterioso ecossistema. É uma oportunidade para a capacidade humana expressar seu talento e criatividade, e é essa a conduta que a Suframa, desde 1967, busca realizar nessa parte ocidental da Amazônia brasileira, administrando e fomentando estratégias de desenvolvimento na região.

É óbvio que os incentivos fiscais disponíveis ainda constituem um dos pontos fortes de atração dos investimentos e estão garantidos na Constituição Federal, porém são instáveis. Por isso, a peleja dessa instituição para os próximos anos consistirá em atrair investimentos focados na viabilidade econômica das potencialidades regionais, naturais da Amazônia ocidental, e não mais na oferta de incentivos fiscais. Isso implica dizer que o modelo atual deverá se adequar para que se torne um polo de desenvolvimento autossustentável, usando a riqueza local/regional.

Dessa forma, pressupõe-se que o aproveitamento das potencialidades regionais, onde se destaca a biodiversidade amazônica, por indústrias especializadas nessa área, seja essencial para que o Amazonas, de maneira sistemática, use bem essa riqueza econômica disponível.

Desse potencial econômico, o Brasil é o detentor de uma das maiores biodiversidades do mundo, e a região amazônica detém uma fatia con-

---

[2] Encontra-se incorporado no projeto de reforma tributária, em vias de aprovação no Congresso Nacional, a prorrogação desse modelo industrial por mais 10 anos, ou seja, até 2023.

siderável desse patrimônio. Portanto, o seu aproveitamento econômico pode, fundamentado em pesquisas específicas que visem à sua exploração de forma ordenada e sustentável, tornar viável a implantação e o desenvolvimento de *clusters* ou arranjos produtivos locais (APLs) de micro, pequenas e médias empresas (MPMEs) na região, constituídos basicamente de bioindústrias.

Os elementos da biodiversidade amazônica, matéria-prima das bioindústrias, de certa forma, por serem únicos, possuem vantagens comparativas, que fornecem perspectivas e oportunidades de negócios e investimentos na região, e podem ser um fator preponderante de um novo ciclo econômico regional, gerador de emprego e renda.

Nesse momento, o aparecimento de caminhos alternativos que conduzam à sua autossustentabilidade torna-se imprescindível, e é com esse propósito que este capítulo foi estruturado para responder as questões a seguir.

▶ *Até que ponto o fomento de* clusters *ou agrupamento de micro, pequenas e médias empresas (MPMEs), em particular, atuantes na área de produtos regionais, e especialmente voltadas para a exploração da biodiversidade amazônica, no campo principalmente de fitomedicamentos e fitocosméticos, pode contribuir como uma estratégia alternativa de desenvolvimento industrial sustentado na Zona Franca de Manaus?*

▶ *Como essa forma de industrialização baseada em* clusters *poderá fortalecer a ZFM futura e auxiliar no desenvolvimento e fixação do polo de bioindústrias que se pretende instalar na região?*

Com a atenção voltada para as potencialidades econômicas regionais, este capítulo destaca e põe em evidência que essa forma de organização industrial baseada em *clusters* ou APLs de empresas afins, operando na área de produtos regionais, contribuirá para a formulação de uma estratégia alternativa de desenvolvimento industrial sustentado na ZFM. Ademais, isso poderá constituir um polo alternativo de atração de investimentos que possibilitará a criação de um ciclo econômico virtuoso e gerador de riquezas na região, além de dar, inclusive, uma visão de como e do que poderá vir a ser o polo de biotecnologia que já se define nas linhas diretrizes dos órgãos de desenvolvimento regional.

Do ponto de vista teórico, este capítulo se justifica, pois contribuirá com a ciência do desenvolvimento econômico regional, e possibilitará uma reflexão maior sobre alternativas que venham a colaborar com o engrandecimento do setor industrial na ZFM, tornando-o uma atividade consistente e permanente, além de permitir a continuidade de trabalhos acadêmicos especialmente direcionados à área em estudo. Enriquecer e agregar mais valor ao conhecimento existente sobre o assunto, principalmente nas questões do desenvolvimento regional, é a proposta deste capítulo.

A ZFM é um projeto que se tornou, ao longo de sua existência, parte imprescindível da sociedade amazônica, porque seus resultados são distribuídos a todos os estados da Amazônia ocidental.[3] Por esses motivos, necessita de novos mecanismos que possam, além de assegurar a continuidade das atividades industriais existentes, atrair novos investimentos, diversificar a sua plataforma industrial e incentivar o aparecimento de outras atividades que a tornem um modelo de desenvolvimento perene na região. Nesse ponto, o desenvolvimento de atividades peculiares e intrínsecas da região, ainda não consideradas com o respeito que merecem, torna-se um fator preponderante.

Em termos práticos, este capítulo justifica-se porque visa mostrar, a exemplo do que existe em outras regiões do país e do mundo, que um ou mais agrupamentos de MPMEs locais com operações similares e interligadas e atuando com matéria-prima regional, pode ser uma alternativa de desenvolvimento sustentado que contribuirá para o crescimento da ZFM.

Esse modelo vem passando atualmente por um processo de reflexão, tanto em seus aspectos conjunturais quanto estruturais, sendo forçado proceder a mudanças urgentes sob pena de amargar problemas futuros. Aliado às mudanças e transformações preconizadas, este capítulo foca vias alternativas futuras para a ZFM, até então não implementadas, e que podem contribuir com o crescimento e desenvolvimento econômico da região.

---

[3] A Amazônia ocidental, tal como ela é conhecida, abrange os estados do Amazonas, Acre, Rondônia e Roraima e foi definida através do Decreto-Lei nº 291, de 28 de fevereiro de 1967, englobando uma área que corresponde a um quarto do território brasileiro.

Para responder às questões apresentadas, este capítulo fundamenta-se em evidências empíricas primárias coletadas pessoalmente pela pesquisa, sob a forma de visitas técnicas e entrevistas realizadas diretamente nas empresas e entidades públicas e privadas. O capítulo leva em consideração as instituições de pesquisa e de desenvolvimento regional e suas relações com as MPMEs do setor de produtos naturais de Manaus.

O critério de seleção da amostra de empresas utilizada foi de uma amostragem proposital que tem a sua lógica e a sua eficácia na seleção de casos dos quais se podem extrair dados referentes a aspectos de grande importância para os objetivos da pesquisa (Patton, 1990). Assim, a escolha das MPMEs consideradas neste estudo deve-se à sua origem, tamanho, tempo de existência, posição no mercado, e por serem regionais e pioneiras na produção de produtos naturais em Manaus.

A ideia de abordagem por *clusters* teve como objetivo destacar que essa forma de organização industrial pode ser considerada uma estratégia alternativa de desenvolvimento econômico local/regional possível e viável para a região amazônica, e que a sua implantação em determinada área geográfica da região vem reforçar a dinâmica de crescimento econômico e industrial hoje existente e formar novos polos produtivos. Sendo realizado de forma planejada e bem orientada, esse tipo de industrialização pode se transformar em opções concretas de desenvolvimento regional e investimento. As experiências bem-sucedidas relatadas mostram o dinamismo tecnológico e competitivo que as aglomerações industriais localizadas em regiões específicas adquirem, além de forte poder de inovação, seja tecnológica ou mesmo organizacional.

As experiências em nível mundial têm mostrado que os *clusters* podem ser importantes aliados da competitividade, da inovação tecnológica e do desenvolvimento local/regional. Os resultados alcançados deixam clara a importância do tema na formulação de novas políticas industriais para o país. Nesse ponto, como área a ser observada, sem dúvida, a região amazônica merece uma atenção melhor por parte das autoridades, especialmente a ZFM, que precisa de mecanismos que fortaleçam a sua atual base industrial e possibilitem a criação de novos núcleos produtivos endógenos e específicos da região.

As abordagens que a literatura disponível apresenta sobre as origens e conceitos dos *clusters*, além dos resultados alcançados, e observando as etapas envolvidas na sua formação, tornam necessário que esse modelo de organização industrial seja visto com bons olhos para essa região carente de estudos práticos que possibilitem sua adaptação à realidade amazônica. Isso é relevante porque existe um parque industrial na ZFM que vem impulsionando a economia local, e, apesar de ser um modelo de enclave, já vem criando externalidades positivas, pois tímidas aglomerações industriais estão se formando, o que denota que "embriões" de *clusters* ou pré-*clusters* já se fazem perceber, mas precisam de estímulos para promoção e consolidação.

Por ser a Amazônia uma área de grande potencial e de estar sob os olhos do mundo, espera-se que com o fomento dos *clusters* aconteça um processo novo de industrialização na região que respeite padrões ambientais, laborais e de saúde e segurança (S&S), de modo que se consiga colocar produtos competitivos nos mercados nacional e internacional.

Assim, vislumbra-se que os *clusters* amazônicos de produtos naturais e da biodiversidade possam vir a ser componentes participantes de um processo perene de industrialização na ZFM, nunca para substituir o modelo industrial existente, mas para somar e agregar mais riqueza, renda e qualidade de vida. Os benefícios que poderão advir são inúmeros e acredita-se que pesquisas bem-sucedidas poderão contribuir de forma consistente para que essa forma estratégica possa ser um futuro para toda a região amazônica, e, assim, possibilitar o aparecimento de uma base industrial constituída de bioindústrias locais.

Crítica ao modelo atual da ZFM

O parque industrial da ZFM hoje é conhecido com o nome de Polo Industrial de Manaus (PIM), em substituição ao termo Zona Franca de Manaus. Essa mudança se deu porque se constatou não a presença de uma Zona Franca, com isenções de impostos, mas sim de um polo industrial, que, mesmo com benefícios fiscais, tem contribuído para aumentar a arrecadação de outros impostos e taxas em todos os níveis de governo, tais como: Cofins, PIS/Pasep, ICMS, entre outros.

Esse parque fabril, conforme o perfil industrial da Suframa (2002), reúne cerca de 400 empresas com elevados índices de inovação tecnológica, competitividade e produtividade, e está definitivamente inserido no processo de globalização. Apresenta um faturamento médio superior a US$ 9 bilhões por ano e somente na cidade de Manaus contribui com a geração de mais de 50 mil empregos diretos e 350 mil indiretos, e outros 20 mil nos demais estados da região.

O projeto ZFM, único modelo industrial amazônico, que apesar dos resultados até hoje alcançados encontra-se sob pressão e ameaça constante[4] e, portanto, vulnerável, pode se esvair rapidamente da forma como se encontra hoje confinada a sua base industrial, assim configurada:

- constituída por grandes empresas multinacionais atraídas pelos incentivos fiscais (será que permaneceriam em Manaus sem os incentivos?);
- produção altamente concentrada composta somente por quatro a cinco produtos exógenos que também são produzidos em outras partes do mundo;
- dependente direta de capitais e tecnologias externas;
- os principais produtos exportados não são típicos da região.

Praticamente ao longo da existência do modelo, pouca ou quase nenhuma ação foi direcionada visando ao fomento de empresas regionais com produção local, porque não existe nenhuma referência em seus indicadores industriais sobre produtos regionais. Também constata-se que não há nenhuma área específica da Suframa que esteja voltada para tratar e cuidar do desenvolvimento e acompanhamento de atividades industriais ligadas a produtos regionais, e, em especial, de MPMEs.

Isso revela uma deficiência do atual modelo, que, paralelamente ao que está em andamento, já deveria estar atuando na sua diversificação

---

[4] Ver "Zona Franca em hora de decisão". *Jornal do Brasil*, Rio de Janeiro, 10 mar. 2003, Caderno Economia & Negócios, p. A7 e "Isenção de IPI é nova ameaça para a ZFM", *A Crítica*, 8 out. 2003, p. a3.

com outras plataformas industriais, inclusive com a de produtos naturais da biodiversidade amazônica. Em síntese, fica claro que até então ainda não foi dada a importância adequada e necessária ao que representa essa área industrial para a ZFM e o Amazonas.

Além disso, vale salientar que a cada mudança conjuntural a ZFM é obrigada a passar por penosos e prolongados processos de ajustamentos às novas condições, sejam elas impostas por contingências governamentais ou por fatores da própria conjuntura econômica brasileira ou mundial, como a que estamos vivenciando nesta época dos balanços da globalização. Isso, para os lados da ZFM, nunca foi e nem será diferente, devido aos benefícios fiscais que inclusive impactam com outras regiões do país, que alegam tratamentos semelhantes do governo federal e colocam a região muitas vezes sob suspeita de que lá não se faz nada (as indústrias são maquiladoras) e que se tem é um contrabando oficializado.

Em face das considerações mencionadas, busca-se indicar que seja inserido no contexto atual do modelo ZFM o fomento de *clusters* regionais em áreas ainda não exploradas e potenciais da região, e que já estão em atividade, como o caso dos produtos naturais da biodiversidade amazônica. Os desafios são muitos e consistem na capacidade de aproveitamento da dinâmica que esse modelo conseguiu imprimir, visando buscar elementos que possibilitem a sua autossustentabilidade. É com essa visão que se procura mostrar neste capítulo que os *clusters* regionais voltados para o aproveitamento das potencialidades locais constituem uma alternativa econômica real para a ZFM e a região.

Potencialidades regionais

Com a visão estratégica focada nos cenários futuros que se desenham para a Amazônia, observando principalmente as questões relacionadas ao desenvolvimento sustentado, é importante se pensar na diversificação do modelo de desenvolvimento industrial que atualmente predomina no âmbito da ZFM. Atividades econômicas, que até então não estiveram devidamente apoiadas nas linhas de ações dos órgãos de desenvolvimento regional e que se encontram à margem do perfil de projetos industriais instalados no PIM, precisam ser levadas em consideração.

Como exemplo, atividades econômicas que dizem respeito ao aproveitamento das potencialidades das regiões da Amazônia, e que estão despertando interesses em níveis regional, nacional e internacional, tais como: ervas e plantas medicinais, óleos e essências, castanha-do-brasil, sementes, plantas ornamentais, guaraná, copaíba, camu-camu, peixes, produtos florestais não madeireiros, artesanato etc. Os indicadores do PIM não destacam nenhum segmento ou subsetor industrial que trate especificamente sobre produtos regionais.

A ideia inicial é identificar e caracterizar para fomentar e implantar *clusters* regionais de MPMEs competitivamente viáveis em Manaus, aproveitando os benefícios fiscais que ainda encontram-se disponíveis à produção no PIM. Esses *clusters* usarão matéria-prima regional, basicamente da biodiversidade amazônica, em setores que estão em gradual crescimento no mundo, tais como o alimentício e nutricêuticos (uso de frutas regionais) e fitoterápicos, fármacos e cosméticos (uso de ervas, plantas medicinais, óleos e essências), e terão como pressupostos a presença dos seguintes objetivos:

- geração de emprego local com aumento do valor adicionado à região, transformando a riqueza existente na Amazônia em benefícios para os seus habitantes;
- contribuir para o aumento das exportações, uma vez que produtos naturais da Amazônia estão ocupando gradativamente espaços no mercado internacional, possibilitando com isso melhoria na balança comercial do Amazonas e do país;
- tornar exequível o crescimento econômico da região com a implantação e fixação de subsetores que aproveitem os produtos naturais potenciais do Amazonas;
- aproveitar a demanda crescente por produtos ecologicamente corretos;
- atender aos mercados consumidores cada vez mais ávidos e exigentes de produtos naturais;
- identificar fornecedores e compradores potenciais de produtos sustentáveis;
- desenvolver uma base industrial na ZFM que se utilize essencialmente de matéria-prima abundante e única da região;

- formação de parcerias com organizações do terceiro setor nacionais e internacionais;
- aproveitar e intensificar o uso do vocábulo "Amazônia" (considerada a terceira palavra mais falada no mundo) nos produtos regionais como forma de divulgação no mercado nacional e internacional;
- criação de um selo amazônico regional de originalidade, pureza e qualidade com um rótulo internacional "amazonia's original", em consonância com certificação ecológica e selos verdes, como o FSC[5] Brasil.

Potencialidades econômicas regionais

A identificação de oportunidades de investimentos e a atração de investidores privados para a região fizeram com que a Suframa iniciasse ações visando detectar atividades econômicas industriais ainda não implementadas no PIM. Procederam-se, assim, estudos no sentido de que fosse realizado um levantamento detalhado das principais atividades economicamente viáveis para a região, a partir do perfil de potencialidades regionais existentes nas diferentes áreas geográficas da Amazônia ocidental e Macapá/Santana.

A geração do perfil de potencialidades regionais das diferentes áreas geográficas da Amazônia ocidental foi um dos objetivos específicos do projeto "Estudos técnicos de projetos integrados visando promover in-

---

[5] O Forest Stewardship Council (FSC – Conselho de Manejo Florestal) é o resultado de uma iniciativa para a conservação ambiental e desenvolvimento sustentável das florestas mais significativas em termos mundiais surgida na década de 1990 e envolvendo ambientalistas, pesquisadores, engenheiros florestais, empresários da indústria e comércio de produtos de origem florestal, trabalhadores, comunidades indígenas e outros povos da floresta, e instituições certificadoras de 34 países. O objetivo do FSC é difundir o bom manejo florestal conforme princípios e critérios que conciliam as salvaguardas ecológicas com os benefícios sociais e a viabilidade econômica, e são os mesmos para o mundo inteiro. O selo FSC é uma garantia da origem. Ele atesta que a madeira (ou outro insumo florestal) utilizada num produto é oriunda de uma floresta manejada de forma ecologicamente adequada, socialmente justa e economicamente viável, e no cumprimento de todas as leis vigentes. O selo serve para orientar o consumidor consciente a optar por um produto que não degrada o meio ambiente e contribui para o desenvolvimento social e econômico. Assegura a manutenção da floresta, bem como o emprego e a atividade lucrativa que a mesma proporciona. O selo também orienta o comprador atacadista ou varejista a escolher um produto diferenciado e com valor agregado, capaz de conquistar um público mais exigente e, assim, abrir novos mercados. Em setembro de 2001 foi fundado em Brasília o Conselho Brasileiro de Manejo Florestal – FSC Brasil, que tem o aval do FSC Internacional.

vestimentos" do Plano Anual de Trabalho (PAT)[6] da Suframa de 1997. A execução do projeto sobre as potencialidades regionais preconizado pela Suframa ficou a cargo do Instituo Superior de Administração e Economia (Isae/FGV), que realizou todos os estudos técnicos necessários.

Esse perfil apresenta informações sobre os recursos naturais, produtos, setores, ramos ou atividades econômicas disponíveis das regiões estudadas, que poderão se transformar em planos e oportunidades de negócios, e visa servir de base para estimular a tomada de decisão empresarial de investir na região.

Esse estudo técnico foi desenvolvido nas áreas geográficas de atuação da Suframa,[7] e no caso específico do estado do Amazonas apresenta os produtos potenciais, agrupados por sub-região, constituídas pelos municípios mais próximos. Na sub-região 14,[8] composta de 15 municípios, da qual faz parte a cidade de Manaus, foco deste capítulo, identificaram-se os produtos potenciais que estão listados no quadro 1.

A existência desse banco de dados sobre as potencialidades regionais, além de somar-se aos vários estudos já realizados por instituições de pesquisa da região, como a Embrapa, Instituto Nacional de Pesquisas da Amazônia (Inpa), Universidade Federal do Amazonas (Ufam), Superintendência do Desenvolvimento da Amazônia (Sudam), Museu Emilio Goeldi, integra-se ao perfil levantado e apresentado pelo amazonólogo[9] Benchimol (1997), *que*

---

[6] Plano Anual de Trabalho (PAT) é um subsistema de planejamento de curto prazo por meio do qual a Suframa formula e concretiza suas orientações estratégicas, operacionais e administrativas para cada exercício, em termos físicos ou financeiros. O PAT constitui-se, assim, um conjunto de programas e ações derivadas do Plano Plurianual (PPA) do governo federal e do planejamento estratégico da Suframa. O PAT 2002, por exemplo, foi elaborado com a visão de criar na Amazônia ocidental vetores industriais, comerciais e agropecuários capazes de gerar desenvolvimento econômico e social na região, levando em conta as diretrizes dos programas inscritos no PPA 2000-2003 do governo federal. As ações do PAT demonstram o esforço do órgão de desenvolver e fomentar o fator socioeconômico da região, por meio da implementação de programas de interiorização do desenvolvimento com projetos economicamente viáveis que contemplam o aproveitamento das potencialidades regionais, a biodiversidade, o adensamento da cadeia produtiva do agronegócio, o apoio ao turismo e a ampliação de oportunidades de renda, utilizando as manifestações culturais expressas pelo artesanato e design amazônico.

[7] Abrange os estados da Amazônia ocidental (Acre, Amazonas, Rondônia e Roraima) e as cidades de Macapá/Santana, no estado do Amapá.

[8] Ver *Potencialidades regionais do estado do Amazonas*, elaborado pelo Isae/FGV. Disponível em: <www.suframa.gov.br>.

[9] O que tem profundo conhecimento sobre as coisas da Amazônia, especialista.

Clusters de micro, pequenas e médias empresas na área de produtos regionais

Quadro 1
Produtos potenciais da sub-região 14

Produtos	Área de atuação da atividade
Culturas	
Hortaliças	Local
Guaraná	Mercado amplo
Fruticultura	
Banana	Local
Frutas cítricas	Local
Criações/extrativismo animal	
Pesca extrativa (artesanal, industrial e peixe ornamental)	Mercado amplo
Piscicultura	Mercado amplo
Extrativismo vegetal	
Açaí	Local
Madeira	Local/regional
Extrativismo mineral	
Gás natural do petróleo	Local/regional
Não metálicos (argila cerâmica e pedra britada)	Local
Caulim	Mercado amplo
Agroindústria	
Farinha de mandioca	Local
Carne bovina e derivados	Local
Movelaria e pequenos objetos de madeira	Local
Processamento de frutas (abacaxi, cupuaçu e limão)	Mercado amplo
Amido de mandioca	Mercado amplo
Palmito de pupunha	Mercado amplo
Óleo de dendê	Mercado amplo
Madeira serrada e pré-beneficiada	Mercado amplo
Madeira laminada/compensada	Mercado amplo
Plantas medicinais e cosméticos	Mercado amplo
Serviços	
Turismo ecológico	Mercado amplo

Fonte: Potencialidades regionais do estado do Amazonas (Isae/FGV).

destaca a necessidade de se criar novos polos alternativos de desenvolvimento e centros de atividade econômica, entre os quais cita:

- *polo de especiarias;*
- *polo de essências aromáticas;*
- *polo de produção de óleos de dendê, palma, coco, babaçu, andiroba, patauá e outras palmáceas;*
- *polo de heveicultura;*[10]
- *polo heveofabril;*
- *polo biotecnológico;*
- *polo varzeano agrícola;*
- *polo graneleiro de grãos e soja;*
- *polo mandioqueiro e macaxeiro;*
- *polo de fruticultura;*
- *polo de floricultura e plantas ornamentais;*
- *polo palmiteiro;*
- *polo de pesca e piscicultura;*
- *polo de pasta química, celulose e papel;*
- *polo madeireiro e moveleiro;*
- *polo pecuário e criatório;*
- *polo avicultor e criatório miúdo;*
- *polo de refino em Manaus;*
- *polo de GNL e petroquímico;*
- *polos minerais da Amazônia ocidental;*
- *polo turístico — indústria sem chaminé.*

Segundo Benchimol (1997), "as opções e alternativas desses polos de desenvolvimento devem e podem ser trabalhadas, nunca para substituir a ZFM, mas para suplementar e complementar o seu dinâmico parque industrial", o que possibilitará, indubitavelmente, a sua consolidação definitiva em Manaus.

As potencialidades regionais do estado do Amazonas há muito tempo vêm sendo objeto de pesquisas, estudos, programas, planos e projetos de diversas instituições públicas federais (Ministério do Desenvolvimento, Indústria e Comércio Exterior, Ministério do Meio Ambiente, Ministério

---

[10] Relativo à cultura da borracha natural, oriundo de seringueiras nativas.

da Ciência e Tecnologia etc.), regionais (Sudam, Suframa etc.), estaduais (secretarias, institutos etc.), municipais (secretarias, institutos etc.) e privadas (federações, centros, sindicatos, Sebrae-AM etc.), que de alguma forma estão envolvidas com a questão do desenvolvimento regional e, em particular, com as ideias do desenvolvimento autossustentado.

A consolidação, apresentada no trabalho do Isae/FGV, destaca pontos comuns que devem ser usados como elementos inicializadores e balizadores de uma mudança real e prática do desenvolvimento econômico regional que possibilite a integração do homem amazônico à realidade de sua terra, sem os devaneios advindos das conversas e promessas, mas com ações concretas, onde seja possível mostrar aos empresários locais a visão competitiva e cooperativa que deve permear os seus negócios.

Alguns produtos naturais da biodiversidade amazônica, como madeira, essências e fragrâncias, óleos vegetais, minérios, ervas e plantas medicinais, peixes, energia, cosméticos, já contam com tecnologias para a sua exploração, o que vem reforçar o seu aproveitamento econômico, entretanto, deve-se considerar a ampliação e aprimoramento dessas tecnologias com enfoques voltados para negócios que sejam aliados do desenvolvimento sustentável, linha mestra fundamental para o futuro da Amazônia e estandarte de luta de várias organizações ambientalistas de caráter público e privado, nacionais e internacionais.

Dessa maneira, a utilização dos ativos da biodiversidade amazônica, potencialidade regional latente e pujante, dentro dos princípios socioambientais, possibilitará a geração de riquezas e ajudará a manter economicamente viáveis as reservas extrativistas e áreas de cultivo, permitindo a sua continuidade com a preservação do meio ambiente e da cultura dos povos da floresta que nela vivem e que aprenderam a retirar das matas tudo o que precisam para o seu sustento.

Ademais, considerada uma vantagem competitiva inigualável, peculiar da região, a biodiversidade amazônica, composta da variedade de espécies de plantas e animais existentes unicamente nos seus ecossistemas, contém um tesouro biológico de genes, moléculas e micro-organismos, que, devidamente explorado, abre um polo de atividades regionais voltado para o mundo dos negócios da bioeconomia.

Os micro-organismos e genes são, cada vez mais, a matéria-prima das biotecnologias que estão sendo utilizadas pela medicina botânica, *agrobusiness* (bioinseticidas), química industrial, indústria farmacêutica, horticultura, cosmética, entre outras, indicando o seu largo campo de ação, e ramos com alta tendência de crescimento de investimentos pelas empresas.

Dentro desse contexto, para que as condições de autossustentabilidade sejam mantidas ao longo do tempo, o desenvolvimento da bioindústria amazônica deve ter o seu processamento operacionalizado, essencialmente, a partir de recursos naturais renováveis oriundos principalmente do extrativismo. Isso possibilitará o direito de participação nesse processo dos pequenos extratores de produtos florestais não madeireiros, ou seja, daqueles homens da região que penetram na selva, conhecem as espécies vegetais nativas e animais e, na época das safras regionais, retiram da natureza o que ela produz, para atender, respectivamente, às necessidades imediatas da vida e da sobrevivência.

Com a entrada em operação do Centro de Biotecnologia da Amazônia (CBA), localizado em Manaus, teremos nos próximos anos um fluxo contínuo de trabalhos de bioprospecção na Amazônia, que, no momento, ainda são poucos, mas apresentam alto potencial de desenvolvimento à frente. A troca de conhecimentos adquiridos pelos pesquisadores e estudiosos da região é imprescindível ao desenvolvimento da biotecnologia na Amazônia. O CBA vem possibilitar a criação e manutenção de bancos de germoplasma que são fundamentais à conservação do patrimônio genético que provém da flora amazônica. A iniciativa de parcerias e alianças de pesquisadores das universidades, institutos de pesquisa, entre outros, se reveste de significativa importância na promoção regional, nacional e internacional de investimentos que sejam direcionados para fundos de pesquisa de qualidade.

Segundo Palis,[11] secretário executivo da Academia de Ciências do Terceiro Mundo, *a biodiversidade e a biotecnologia, que já vêm sendo exploradas por diversos países pobres, os novos materiais e as fontes alternativas de energia são oportunidades para superarmos as dificuldades.* A biotecnologia, nos últimos anos, vem se situando como um dos ramos da

---

[11] Informação coletada na *UnB Revista*, Brasília, v. 1, n. 4, p. 43, out./nov./dez. 2001.

ciência que mais tem crescido, e o mercado mundial de produtos biotecnológicos encontra-se em expansão contínua, chegando a movimentar de US$ 470 a US$ 780 bilhões/ano (ver tabela).

Segundo a revista *Época* (23 de abril de 2001, p. 86), *os remédios naturais ganham o aval dos cientistas e alimentam um mercado de US$ 500 milhões no Brasil*, hoje pequeno, porém em expansão. Isso mostra o interesse da sociedade brasileira e internacional pelas coisas do chamado "mercado verde". A região amazônica com o conteúdo de sua biodiversidade vem chamando a atenção de empresas locais, nacionais e internacionais, que estão aprendendo a utilizar os seus ativos na criação e inovação de seus produtos, caso de empresas do setor de cosméticos no Brasil, como a linha de cosméticos Ekos da empresa Natura.

Mercado mundial de produtos biotecnológicos

Setor	US$ bilhões/ano
Farmacêuticos	75 a 150
Medicina botânica	20 a 40
Sementes agrícolas	300 a 450
Horticultura ornamental	16 a 19
Defensivos agrícolas	0,6 a 3
Cosméticos	2,6 a 2,8
Enzimas industriais	60 a 120

Fonte: Kate e Laird (2000). Tabela extraída da revista *Exame*, v. 35, n. 9, ed. 739, p. 55, maio 2001.

Segundo o IBGE,[12] aproximadamente 650 espécies vegetais farmacológicas, consideradas de valor econômico, estão identificadas na Amazônia Legal, região que abrange também os estados do Pará, Amapá, Tocantins e Maranhão. É com base nesses conhecimentos que indústrias locais, nacionais e internacionais buscam nas plantas e ervas amazônicas essências, aromas, produtos e formulação para a fabricação de vacinas, medicamentos, cosméticos, entre outros, com o objetivo da industrialização e comer-

---

[12] Dados coletados disponíveis em: <www.suframa.gov.br/download/documentos/amazonas.pdf>, do trabalho de potencialidades regionais realizado pelo Isae/FGV.

cialização em grande escala, de cerca de 5 mil princípios ativos encontrados nessas plantas.

Os "remédios da selva amazônica", consagrados pelo uso popular e tradicional, como unha-de-gato, muirapuama, mirantã, pau-d'arco, carapanauba, mulateiro, maçaranduba, entre outros, já estão sendo usados fora de nossas fronteiras. As frutas exóticas da Amazônia como o açaí, jenipapo, bacaba, buriti, taperebá e cupuaçu têm elevado valor nutricional e sabor e aroma inigualáveis, comprovadamente (FAO, 1987) ricas em vitaminas e micronutrientes importantes (cálcio, ferro, potássio e outros minerais), e também vêm ocupando o seu espaço no mercado local, nacional e internacional.

É com essa base florestal valiosa que se destaca a necessidade cada vez maior do aparecimento de alternativas econômicas de desenvolvimento industrial autossustentado para a região e, nesse conjunto de soluções, acreditamos que uma das que podem contribuir significativamente é a formação de agrupamentos de MPMEs ou *clusters*, com ênfase dada inicialmente ao setor de produtos naturais do Amazonas.

Produtos verdes — mercado, certificação e selos verdes

Este trabalho pretende observar as potencialidades regionais existentes e sua força para o desenvolvimento local de forma coadunada com as otimistas tendências mundiais do promissor mercado de produtos verdes, ecoprodutos, produtos *environment friendly*.

Nesse ponto, muito ainda há por se fazer na região, e as empresas precisam se preparar e se adequar a essas novas tendências se quiserem ter maior competitividade e ganhos de escala melhores, porque o consumidor verde, essa figura que se apresenta nos dias de hoje preocupada com o meio ambiente, se fará cada vez mais presente e exigirá produtos qualificados e certificados. Não há como negar que nos dias de hoje a Amazônia chama a atenção do mundo, e a indústria de produtos naturais regionais deve enquadrar-se nesse contexto, atuando de forma conjunta com outras empresas para obter maiores chances de êxitos.

Esse mercado exige especialização e qualificação, porque os consumidores verdes querem garantias dos produtos e por isso exigem que possuam certificação ecológica que avalizem o produto final, o processo de produção e/ou a gestão ambiental. As certificações ecológicas fornecidas por órgãos públicos ou privados são realizadas com base em normas ambientais que buscam igualar conceitos, ordenar atividades e criar padrões e procedimentos do setor produtivo. Além disso, existem normas específicas que prescrevem padrões e procedimentos para a fabricação de produtos que desejam obter os rótulos ambientais, mais conhecidos como selos verdes, os quais caracterizam os países onde os consumidores têm maior sensibilidade ambiental.

Essas normas não são semelhantes às dos órgãos de fiscalização ambiental que controlam as empresas no licenciamento, na aprovação do projeto, na instalação e durante a operação. A adesão à certificação ecológica e ao selo verde é feita espontaneamente, entretanto, hoje fazem um diferencial significativo no mercado de produtos verdes porque funcionam como verdadeiros avalistas ambientais de produtos e/ou processos. Outro fator importante é a questão relacionada à certificação do sistema de gestão ambiental, de acordo com uma determinada norma, como por exemplo, a BS-7750 (norma inglesa de gestão ambiental) e a ISO 14001.

Produtos regionais: oferta e procura

De acordo com suas características e peculiaridades, os produtos regionais de origem vegetal – extraídos, beneficiados ou produzidos por MPMEs, associações de produtores, comunidades indígenas, fazendas – estão disponibilizados no mercado local e podem ser encontrados em feiras livres, supermercados, farmácias e drogarias, panificadoras, atacadistas em geral, lojas de laticínios, nas embarcações que vêm do interior e que atracam no porto de Manaus e em distribuidores de produtos naturais da Amazônia.

Hoje esses produtos colocados no mercado local dividem as prateleiras de vários estabelecimentos comerciais e concorrem em preço e qualidade com os nacionais e os importados, similares em espécies e variedades, como opções mais acessíveis à população, principalmente a mais carente. Esse espaço vem sendo conseguido, em parte, devido à divulgação efetuada pelas empresas produtoras regionais, pela tendência moderna de utilização de produtos naturais ecologicamente corretos, em função das pesquisas que estão sendo também divulgadas pela mídia local, nacional e internacional sobre seus benefícios, aliada também à crença popular na medicina natural.

De acordo com os dados coletados na pesquisa, e considerando em especial o que está circulando no mercado local em termos de oferta ou procura, o quadro 2 relaciona os produtos naturais da região, conforme o nome informado pelas empresas e encontrado na documentação pesquisada, demonstrando o linguajar utilizado nas transações comerciais e industriais.

Essa gama de produtos coloca em evidência a utilização, que está efetivamente sendo realizada por empresas de processamento instaladas em Manaus e em municípios circunvizinhos, de alguns recursos naturais provenientes da região que já são aproveitados em diversas finalidades, produzindo riquezas e gerando renda para muitas pessoas que hoje estão desempregadas. A relação apresentada não menciona os nomes próprios de produtos conforme são comercializados pelas empresas porque são marcas registradas, contudo, destacamos que todas utilizam a mesma matéria-prima regional.

Com as perspectivas de aproveitamento das potencialidades regionais e contando com o que de fato está sendo produzido no Amazonas, desde 1998, vem sendo viabilizada pelo escritório em São Paulo da Organização de Comércio Exterior do Japão (Jetro) a participação de empresas amazonenses na Foodex.[13] Ademais, outros eventos realizados em Manaus como as feiras Fiam[14] e Amazontech[15] estão reservando espaços importantes aos produtores regionais. Isso abre janelas de exposição para os produtos regionais do Amazonas que podem levar à realização de bons negócios em todos os níveis, seja local/regional, nacional e internacional.

---

[13] Feira Internacional de Alimentos e Bebidas do Japão, evento realizado anualmente naquele país.

[14] Feira Internacional da Amazônia, primeira edição realizada de 10 a 13 de setembro de 2002 em Manaus, sob a coordenação da Suframa, com nova edição prevista para setembro de 2004. Concebida para efeito de divulgação dos produtos fabricados no PIM e das potencialidades regionais.

[15] O sistema Sebrae, em parceria com a Embrapa, a Ufam, o governo do estado do Amazonas, entre outros parceiros, criou e implementou em 2001 um projeto capaz de pôr em prática a divulgação das tecnologias existentes e, acima de tudo, estabelecer novos rumos para a ciência, tecnologia e negócios sustentáveis — Amazontech, que se traduz em uma feira realizada anualmente em Manaus, acompanhada de seminários, palestras, rodadas de negócios.

Quadro 2
Produtos regionais do estado do Amazonas

Oferta	
<ul><li>Óleos vegetais fixos a partir de frutos da floresta amazônica</li><li>Óleos vegetais de andiroba, cumuru, murumuru, uricuri, patauá, cajiroba, marã, castanha-de-cutia, copaíba, preciosa, pau-rosa e castanha-do-brasil</li><li>Cipó xixua e muirapuama (raiz e casca)</li><li>Sementes de puxuri e cumaru</li><li>Resinas em geral e outros produtos diversos</li><li>Cosméticos: loções, perfumes e deocolônias</li><li>Sangue de dragão (*sangre de grado*)</li><li>Extrato de guaraná</li><li>Fitocosméticos (géis, xampus, sabonetes, loções, parafinas)</li><li>Fitofármacos (géis, óvulos vaginais, xaropes, soluções)</li><li>Óleo de pimenta-do-reino</li><li>Óleo de madeiras diversas</li><li>Encapsulados de plantas medicinais</li><li>Extratos de plantas medicinais e outros</li><li>Xaropes de plantas medicinais</li><li>Sabonete facial</li><li>Produto medicinal para as coceiras e micoses (dermodilapiol)</li><li>Fungicida para doenças de pele</li><li>Guaraná em pó, caroço, ramo e bastão</li><li>Pastilhas de guaraná</li></ul>	<ul><li>Produtos fármacos utilizando guaraná em pó, mel de abelha e copaíba</li><li>Polpas congeladas de frutas naturais da floresta amazônica (açaí, araçá-boi camu-camu, cupuaçu e taperebá, manga, jenipapo, buriti, tucumã)</li><li>Palmito de pupunha e açaí</li><li>Produtos fármacos utilizando própolis com mel de abelha, xarope de mel de abelha com óleo de copaíba e própolis</li><li>Polpas de frutas da Amazônia desidratadas</li><li>Corantes naturais (maracujá, acerola e açaí)</li><li>Palmito de pupunha em conserva</li><li>Sucos de cupuaçu, açaí, taperebá e jenipapo</li><li>Óleo de palma (dendê)</li></ul> <ul><li>Produtos industrializados: chocolate, leite em pó e polpa de cupuaçu</li><li>Polpas de acerola e pupunha</li><li>Palmitos em geral</li><li>Bombons de cupuaçu e castanha com chocolate</li><li>Biscoitos de castanha, cupuaçu e açaí</li><li>Licores de cupuaçu e jenipapo</li><li>Guaraná engarrafado (refrigerantes)</li><li>Bombons de chocolate recheados com frutas regionais</li><li>Bombons recheados com frutas regionais</li><li>Pão de queijo de frutas amazônicas (tucumã, açaí etc.)</li></ul>
Procura	
<ul><li>Sementes de cupuaçu e maracujá</li><li>Polpas de frutas amazônicas (buriti e açaí)</li><li>Castanha-do-brasil</li><li>Pequiá</li><li>Perfumes</li><li>Cascas, frutos, sementes, folhas e galhos de plantas amazônicas</li><li>Matéria-prima florestal em geral</li><li>Matéria-prima base</li><li>Matéria-prima de origem vegetal</li><li>Insumos vegetais diversos</li><li>Polpas de frutas regionais: cupuaçu, açaí, taperebá, camu-camu, manga, jenipapo, buriti e tucumã</li></ul>	<ul><li>Guaraná em pó, caroço, ramo e bastão</li><li>Amor-crescido</li><li>Matéria-prima para a indústria de cosméticos</li><li>Urucum</li><li>Polpas de frutas tropicais</li><li>Extratos brutos de plantas amazônicas</li><li>Ervas medicinais e aromáticas</li><li>Óleos vegetais</li><li>Matérias-primas de origem vegetal (extratos, pós, tinturas, óleos etc.)</li><li>Especiarias em grande quantidade</li><li>Fármacos e cosméticos da região amazônica</li></ul>

A Foodex, por exemplo, tem sido uma vitrine qualificada à exposição e promoção dos produtos regionais do Amazonas, pois nela participam mais de 2.500 empresas japonesas e estrangeiras provenientes da Europa, Ásia, Estados Unidos, África do Sul e América Latina. Isso tem possibilitado a perspectiva de abertura de novos mercados e trazido diversas oportunidades de negócios de exportação para os produtos naturais do Amazonas, produzidos ou beneficiados especialmente em Manaus, abrindo, inclusive, novas alternativas de aproveitamento de outros produtos, como é o caso da semente seca do cupuaçu, que hoje está sendo exportada para o Japão *in natura*, sem nenhum valor agregado.

A divulgação dos produtos regionais do Amazonas nas edições da Foodex, a boa aceitação e receptividade demonstrada por parte do empresariado japonês com relação aos produtos e os contatos mantidos pela delegação amazonense com diversas empresas do Japão, Coreia, Taiwan, Malásia, entre outros, já vêm dando resultados, pois alguns daqueles países, em especial o Japão, visando possibilidades de investimento local, têm acentuado o interesse em conhecer os produtos que são característicos da região e que provêm dos recursos naturais regionais disponíveis.

As rodadas de negócios promovidas pelo Sebrae-AM nas feiras locais citadas são indiscutivelmente um canal aberto de oferta e procura que proporciona a realização de contatos e fechamento de negócios com empresas locais/regionais, nacionais e internacionais interessadas nos produtos naturais do Amazonas e contribuem para o desenvolvimento dos setores produtivos locais, especialmente aqueles que exploram matérias-primas regionais, atividades reconhecidamente com grande potencial na Amazônia.

Destarte, nota-se que os produtos naturais, típicos e originais da Amazônia estão se difundindo e criando demandas no mundo e, portanto, as atividades envolvidas no aproveitamento desses recursos naturais merecem uma atenção maior por parte das entidades públicas e privadas da região para que a oferta não seja comprometida, pois, paralelamente aos produtos *high-tech* que são produzidos no PIM, poderão constituir uma alternativa econômica complementar, duradoura e permanente para a ZFM e certamente contribuirão para o crescimento da base econômica do Amazonas.

Com a contribuição expressiva dos produtos naturais e da biotecnologia, a visão amazônica futura pode se apresentar de uma maneira que, em vez de exortar-se com a chegada de mais um produto *high-tech* a Manaus, a saída para o exterior de mais um produto natural que ocupa o seu devido lugar no mercado global e contribui com o equilíbrio da balança comercial do Amazonas e do Brasil seja motivo de alegria, pois significa mais emprego e renda para o povo dessa terra.

As MPMEs do setor de produtos naturais — origens e desenvolvimento

O que pensam aqueles que estão fazendo história empresarial e contribuindo com o desenvolvimento da região, fazendo acontecer a produção? Isso é importante, porque permite verificar como os empresários se aplicam e contribuem para o surgimento e o crescimento de um setor ou núcleo produtivo de uma região, neste caso, do setor de produtos naturais do Amazonas.

Esta seção destaca as origens e o desenvolvimento de quatro MPMEs de Manaus, que estão industrializando e comercializando produtos naturais da região (fitoterápicos, fitocosméticos, frutas regionais e alimentos) e trabalham com matéria-prima de origem vegetal, advinda da floresta amazônica e de áreas cultivadas na região. Foram realizadas entrevistas com as empresas que poderão vir a constituir âncoras de um *cluster* regional na ZFM.

Entrevistas abertas pouco estruturadas foram realizadas com a direção das empresas, particularmente com seus proprietários, sob a forma de uma conversa, por meio da qual eles pudessem ficar à vontade e, assim, contassem a história de suas empresas, com foco na origem, forma de atuação no mercado e dificuldades encontradas. Além disso, buscou-se levantar pontos sobre a forma de gestão das empresas como planejamento estratégico, missão, visão futura de seus negócios, objetivos estratégicos, áreas estratégicas, fatores favoráveis e desfavoráveis do ambiente interno e externo.

Os resultados mostram que cada empresa possui uma história própria e típica, diferente uma da outra, porém, todas convergem para o êxito empresarial que estão vivenciando no momento. Para preservar os empresários, não citaremos seus nomes nem de suas empresas.

História das empresas

Primeira: produtora de alimentos, corantes, óleos essenciais e sementes

Contando com a experiência adquirida no processo de compra e venda de produtos regionais de uma tradicional e pioneira empresa da região, um ex-funcionário resolveu criar uma pequena empresa para trabalhar com a mesma linha de produtos da empresa em que antes trabalhava, tornando-se um concorrente nesse ramo de atividade – beneficiamento e comércio de produtos regionais naturais. Suas atividades iniciais foram a extração em destilaria do óleo de pau-rosa, copaíba, cumaru, pimenta-do-reino e outros produtos florestais comercializados regularmente, voltados exclusivamente para a exportação.

Com o tempo, iniciou, também, a comercialização de grãos de cacau *in natura* e percebeu o aparecimento de um volume considerável de grãos de cacau nativo da região, surgindo com isso a ideia de fazer o chocolate em pó e outros subprodutos do cacau em Manaus. Essa ideia levou o empresário, em sociedade com seu irmão, a montar uma nova empresa para atuar em Manaus no processo de transformação dos grãos de cacau em chocolate comum em pó, similar ao existente no mercado.

Com o crescimento emergente da oferta e demanda do cupuaçu – fruta muito popular da região, cujo componente do fruto de uso mais importante é a polpa, e que possui uma semente rica em gordura que pode ser aproveitada para outros fins industriais – os empresários, de forma desbravadora e pioneira, resolveram iniciar a produção do chocolate feito da semente do cupuaçu, conhecido como cupulate, primeiro produto da semente de cupuaçu industrializado e comercializado no mercado de Manaus. Depois surgiu o interesse na produção de material seco, pois facilita a comercialização. O processo de produção industrial adotado pela empresa utilizava prensas, a exemplo do que se faz nas grandes indústrias de chocolate, para extrair a manteiga de cacau e as tortas. Com a operacionalização do *spray dry*, surgiu também o interesse da produção de alguma coisa relacionada com extrato concentrado de plantas medicinais como matéria-prima para a fabricação de medicamentos e fitoterápicos, verduras desidratadas, entre outras, aproveitando pois a capacidade de evaporação do equipamento.

A extração do pigmento do açaí, a antocianina, corante natural utilizado na indústria alimentícia e atualmente importado pelo Brasil, possibilitará o aumento do retorno econômico desse produto regional e constitui mais um produto da sua linha de produção. A empresa idealizou uma indústria para a fabricação de concentrados de plantas medicinais ou substâncias vegetais da Amazônia, inclusive corantes, matéria-prima para a indústria alimentícia, farmacêutica, fitoterápicos e fitocosméticos.

A empresa está abrindo canais de distribuição de seus produtos na sua página na internet, encaminhando amostras para vários locais do mundo (Estados Unidos, Alemanha, Japão), participando de feiras locais, nacionais e internacionais. Em função da experiência conseguida com a exportação dos produtos regionais, principalmente de óleos essenciais, que é um mercado extenso e muito antigo, hoje ela tem agentes em várias partes do mundo (Paris, Hamburgo, Nova York, Londres, Tóquio) e aproveita para oferecer seus novos produtos. A empresa é inscrita há mais de 15 anos no Ministério das Relações Exteriores como exportadora. No entanto, enfrentou muitas barreiras no início para estar hoje desfrutando de facilidades, por causa da dificuldade de informações, da burocracia, da falta de apoio e acompanhamento, dificuldades de acertos com o importador.

Segunda: produtora de fitomedicamentos e fitocosméticos[16]

Foi do contato na infância com os vidros coloridos utilizados nas farmácias de manipulação que nasceu o sonho de montar, um dia, uma empresa

---

[16] Produto fitoterápico, também chamado de fitomedicamento, é todo medicamento tecnicamente obtido e elaborado empregando-se exclusivamente matérias-primas vegetais com finalidade profilática, curativa ou para fins de diagnóstico, com benefício para o usuário. É caracterizado pelo conhecimento da eficácia e dos riscos de seu uso, assim como pela reprodutibilidade e constância de sua qualidade, é o produto final acabado, embalado e rotulado. Não podem estar incluídas substâncias de outras origens, não sendo considerado produto fitoterápico quaisquer substâncias ativas, ainda que de origem vegetal, isoladas ou as associações contendo extratos vegetais e substâncias ativas. Nos Estados Unidos prevalece a expressão *herbal medicines* e na União Europeia *herbal medicines products*. Produto fitocosmético é todo cosmético obtido e elaborado, empregando-se exclusivamente matérias-primas vegetais.

nesse ramo de atividade. Assim, esse profissional, há 17 anos antes dos termos biodiversidade e biotecnologia se tornarem conhecidos no Brasil e no mundo, utilizando capital próprio, fez nascer essa empresa, que se tornou pioneira no Amazonas ao trabalhar com a transformação das plantas e frutos da região em medicamentos. A gerência sempre foi exercida pela família e a produção inicialmente destinada para consumo local. Seus objetivos foram direcionados à industrialização, comércio, importação, exportação de produtos farmacêuticos, cosméticos, produtos de limpeza, dietéticos e alimentos.

É uma empresa local que produz e distribui produtos fitoterápicos e fitocosméticos usando apenas produtos naturais da região amazônica sem qualquer substância estranha à natureza, derivados dos exaustivos trabalhos de pesquisa sobre a flora amazônica e do rigoroso controle de qualidade total a que são submetidas todas as fases de processamento dos produtos, desde a fase de pesquisa, coleta, produção, até a comercialização. Nasceu com uma conduta inspirada na natureza do Amazonas e utilizando-se de ativos da biodiversidade amazônica desenvolveu uma linha exclusiva de cápsulas e comprimidos à base de plantas medicinais da região, produtos resultantes da seriedade com que vem pesquisando a fitoterapia da Amazônia.

Terceira: produtora de fitomedicamentos e fitocosméticos

Inicialmente foi especializada na venda de camisas pintadas e/ou serigrafadas com motivos amazônicos (*souvenir*), como uma forma de aplicar os seus próprios recursos e melhorar seus rendimentos. O dono um dia teve um encontro casual com uma farmacêutica do estado do Paraná, da qual se tornou amigo, que veio a Manaus com o objetivo de implantar uma farmácia homeopática, serviço à época ainda não disponível na região. Foi convidado por ela a montar esse negócio, porém, não aceitou de imediato, apesar de considerar o projeto da farmácia interessante e importante. Considerava a homeopatia uma coisa boa e nela acreditava, porque em uma de suas viagens de férias ao Rio foi tratado e curado de uma rinite alérgica com medicamentos homeopáticos, ficando isso marcado em sua vida.

Para viabilizar o projeto de fitoterápicos, o empresário procurou seguir essas premissas:

- levantar o que tinha no mercado, no universo existente de pesquisas a respeito desses produtos, e ir a órgãos de pesquisa do Amazonas, tais como Inpa, Ufam etc., para ver o que havia; com isso conseguiu encontrar algumas coisas;
- ver o que o povo tinha costume de consumir ou usar, popularmente falando, tanto os caboclos quanto os índios; o que a história dos povos diz para a gente; o que eles têm e o que usam nesse sentido; a medicina tradicional e caseira; e comparar com as pesquisas já realizadas, pois não podia arriscar com aquilo que não tinha pesquisas;
- verificar o que se faz fora de Manaus — os outros laboratórios regionais e nacionais que estão nesse mercado: quem são, quantos anos têm, o que fazem nesse segmento, como fazem e onde estão localizados.

Partindo dessas premissas, procedeu à estruturação da linha de produção e começou a lançar os seus produtos com a nova marca, de forma ainda artesanal, manipulados na farmácia de homeopatia. O projeto somente começou a ganhar a consistência e a solidez que precisava a partir de 1992, quando efetuou o lançamento dos seus primeiros produtos fitoterápicos no mercado, tudo conseguido com recursos próprios oriundos em parte das receitas relativas às atividades paralelas que desenvolvia como profissional liberal.

Entretanto, em 1995, foi editada pela Agência Nacional de Vigilância Sanitária (Anvisa),[17] a Portaria nº 6/95, visando instituir e normatizar o registro de produtos fitoterápicos junto à Secretaria de Vigilância Sanitária

---

[17] A Anvisa foi criada pela Lei nº 9.782, de 26 de janeiro de 1999. É uma autarquia sob regime especial, ou seja, uma agência reguladora caracterizada pela independência administrativa, estabilidade de seus dirigentes durante o período de mandato e autonomia financeira. Sua gestão é responsabilidade de uma diretoria colegiada, composta por cinco membros. Na estrutura da administração pública federal, a agência está vinculada ao Ministério da Saúde, sendo que esse relacionamento é regulado por contrato de gestão. A finalidade institucional da agência é promover a proteção da saúde da população por intermédio do controle sanitário da produção e da comercialização de produtos e serviços submetidos à vigilância sanitária, inclusive dos ambientes, dos processos, dos insumos e das tecnologias a eles relacionados.

e, conforme as determinações prescritas, apresentava uma nova ordem de definições e classificação dos produtos como medicamentos e exigia que todos os laboratórios se adequassem aos modos da indústria farmacêutica para poderem obter os registros necessários.

A empresa teve, portanto, que se adequar às condições estabelecidas na nova legislação, porque era necessário como pré-requisito ter um laboratório homologado pela fiscalização como farmacêutico para poder atender a todos os requisitos necessários à obtenção do registro de novo produto fitoterápico e, também, proceder à revalidação de registro dos existentes, que já eram comercializados, e rever todos os processos e adequá-los aos requisitos de segurança, eficácia e qualidade.

Movida por uma força empreendedora, a empresa conseguiu aprovação do seu projeto industrial na Suframa e adquiriu da mesma um lote de terras no DI a preço subsidiado, no qual construiu a fábrica e o laboratório conforme os requisitos exigidos pela legislação. Em 1997, com a conclusão da unidade fabril e do laboratório farmacêutico, inspecionado e aprovado pela Secretária de Vigilância Sanitária/MS para manipular produtos farmacêuticos como tal, a empresa começa a surgir verdadeiramente, de fato e de direito, como uma indústria farmacêutica na região.

Atualmente, possui uma gama variada de produtos naturais, incluindo fitomedicamentos em diferentes formas farmacêuticas, não só de plantas amazônicas como de outras regiões do mundo, e os distribui em Manaus por meio de uma rede de farmácias homeopáticas/manipulação e drogarias em geral. Embora o nível de seus produtos, em termos tecnológicos, tenha condições de alcançar outros mercados, a empresa preferiu estruturar e direcionar os canais de distribuição para os estados do Norte e Nordeste do país, com o objetivo de ganhar fôlego e escala.

Apesar da demanda por produtos naturais da Amazônia, em especial de fitoterápicos e fitocosméticos, segundo o empresário, eles ainda não são muito conhecidos no mundo e supõe-se que isso só venha a acontecer da forma como aconteceu com diversas ervas medicinais, quando as grandes corporações do ramo introduzirem-nas no mercado, criando uma escala mundial de distribuição, caso, por exemplo, do ginkgo biloba, que é uma planta chinesa hoje conhecida no mundo inteiro.

Quarta: produtora de fitomedicamentos e fitocosméticos

Um professor da Ufam iniciou uma atividade extraclasse de cunho empresarial (um modelo de farmácia comercial) onde o aluno sairia do contexto acadêmico, dos contatos com os livros, da biblioteca, e passaria a se envolver com as práticas farmacêuticas do dia a dia de uma farmácia normal, para despertar o sentido do ser empreendedor, e tudo o que fosse produzido por eles seria colocado à venda para a comunidade. Para viabilizar o projeto da farmácia-escola, foi firmado um convênio com o Instituto Euvaldo Lodi (IEL-AM),[18] pois não houve receptividade nem condições de realizar com a Ufam, em face dos entraves administrativo-burocráticos que envolvem as instituições públicas federais.

Unindo os conhecimentos adquiridos nos cursos que participou sobre empreendedorismo e incubação de empresas e com a experiência vivida na Ufam com a farmácia-escola, resolveu pôr em prática e decidiu criar um empreendimento próprio na área de seu conhecimento (área farmacêutica) com características voltadas à produção de produtos naturais, seguindo duas linhas básicas de produção — uma voltada para fitoterápicos, que são medicamentos de origem vegetal feitos de ervas e plantas medicinais, e a outra de fitocosméticos, que são cosméticos também de origem vegetal, como xampus de amor-crescido, jaborandi, bronzeadores de urucum, géis, entre outros. Além disso, compôs sua equipe de trabalho e com seus próprios recursos adquiriu e instalou os equipamentos indispensáveis à execução de suas atividades operacionais. Atualmente, a linha de produção é composta de 19 produtos naturais, entre fitoterápicos e fitocosméticos, todos utilizando matéria-prima regional de origem vegetal. Para atender ao desenvolvimento e expansão das atividades, por necessidade de mais espaço físico, teve que fazer uso de mais um módulo do Centro de Incubação e Desenvolvimento Empresarial (Cide).

---

[18] O IEL-AM, criado em 1971, constitui, juntamente com o Sesi e o Senai, o Sistema Federação das Indústrias do Estado do Amazonas (Fieam), e tem como missão institucional promover a integração das empresas com as universidades. As metas de trabalho do IEL-AM estão voltadas em linhas gerais para o processo de competitividade industrial, através do desenvolvimento e apoio a programas estratégicos. É uma entidade sem fins lucrativos, considerada de utilidade pública e registrada no Conselho Nacional de Serviço Social.

Dentro de um processo de inovação e fazendo uso de suas competências tecnológicas, essa empresa desenvolveu dois novos produtos — o óvulo de copaíba e o óvulo de crajiru — que possuem a mesma função terapêutica, sendo um deles inédito e original: o "óvulo de crajiru" (natural, sem corante e aromatizante), segundo o empreendedor, até a data de hoje, é o único óvulo dessa planta no mundo. Para chegar à criação, verificou os estudos realizados pela Ufam e Universidade do Ceará, que mostram que o crajiru,[19] planta da região amazônica, tem propriedades anti-inflamatórias, e ouviu o que a cultura popular diz sobre o uso dessa planta.

A matéria-prima básica local/regional de origem vegetal é praticamente adquirida no mercado local com muita dificuldade devido a, ainda, não se ter uma regularidade de oferta e de demanda em Manaus. O empresário conta que é mais fácil comprar uma tonelada de colorau (corante natural de urucum) na *escadaria dos remédios*[20] do que um 1 kg das sementes de urucum, um insumo básico de alguns de seus produtos.

Essa empresa encontra-se hoje na fase de consolidação de seu empreendimento, dentro da qual deverá se fortalecer financeira e administrativamente. A participação em feiras e eventos tem sido uma das formas de apresentar os seus produtos no mercado local, contudo, no momento, onde ela menos vende é em Manaus, pois, sua estratégia de vendas está voltada, inicialmente, para atender às cidades do interior dos estados da Amazônia. Sua política de vendas está fundamentada em qualidade e preço, no *boca a boca*, experimentou/gostou, teve resposta satisfatória, *fala ao outro* e, assim por diante.

Considerações sobre as MPMEs citadas

As histórias dessas empresas mostram que, sem exceção, para chegar à atual fase que se encontram, tiveram que andar praticamente sozinhas,

---

[19] Para se ter uma ideia, as pessoas antigas da região, principalmente as rezadeiras e as vovós, sempre orientaram as mulheres, em especial aquelas que tinham problemas vaginais, que fizessem o banho de assento com o chá de crajiru colocado em uma bacia, isto é, a pessoa sentava dentro da bacia com o chá morno ou na temperatura ambiente e procedia à higienização ou assepsia das partes íntimas.

[20] Local popularmente conhecido em Manaus como porto de atracação das embarcações fluviais que chegam do interior do Amazonas.

dando passos firmes, contínuos e sequenciais, adaptando-se às condições do ambiente de seus negócios. Dos seus relatos verifica-se a importância que tem a formação de redes de cooperação para que possam ter mais vantagens competitivas e, assim, atuar com mais tranquilidade e disposição em mercados com ganhos de escala, utilizando a inovação, diversificação e produtividade.

Entre elas existe relação de amizade, pois os empresários se conhecem, muito embora ainda não tenham demonstrado relações de confiança, como compartilhamento e cooperação mútua. Por isso é necessária uma rede de instituições públicas ou de caráter público fomentando ações efetivas de estímulo e de fortalecimento desse relacionamento característico de um *cluster*, de modo que as interações necessárias entre as empresas se façam acontecer. De suas histórias extraem-se lições significativas acumuladas ao longo de suas jornadas empreendedoras. Entre as quais se destacam:

- pioneirismo e empreendedorismo (não sabiam fazer/mas acreditaram, investiram, arriscaram);
- visão inovadora — fazer coisas diferentes para atuar em nichos de mercado;
- perseverança — não desistiram diante de tentativas frustradas, contaram com seus próprios recursos tanto físicos quanto financeiros;
- utilizaram conhecimentos e experiências próprias no desenvolvimento da tecnologia empregada em seus processos de produção;
- procuraram saber o que havia de pesquisas na área e como fazer (contataram instituições e centros de pesquisa da região, apesar de não terem contado com isso);
- criaram demanda para seus produtos no mercado local;
- treinaram sua própria mão de obra;
- souberam usar os canais de distribuição disponíveis como feiras, corretores locais, contatos diretos e internet para comercializar e distribuir seus produtos;
- acreditam na participação coletiva para gerar demanda e diminuir custos;

▌ reconhecem que devem buscar parceiros para compartilhamento e otimização de ações conjuntas.

Essas lições mostram que esses empreendedores vieram para ficar e querem ver seus empreendimentos se consolidarem mais ainda no mercado; não estão brincando. Obviamente que, no mundo dos negócios, o caminho da sobrevivência, prosperidade e riqueza requer que as lições aprendidas sejam sempre revisadas para que os erros cometidos no passado sejam corrigidos, não se repitam e deem lugar às novas lições que se fazem presentes e em constantes mutações.

De fato, observa-se que esse agrupamento de firmas geograficamente concentradas na região é variável fundamental no processo de especialização e flexibilização da produção, neste caso, de produtos naturais da Amazônia, que pode resultar em economias de escala, ainda que as suas unidades produtivas sejam de dimensão reduzida, pois as experiências internacionais bem-sucedidas de *clusters* têm como base essa característica fundamental.

Essas MPMEs, por atuarem todas com produção industrial e possuírem experiências na área de produtos naturais, e estarem operando com matéria-prima da região, de modo especial, com ativos da biodiversidade amazônica, apresentam, quando comparadas entre si (ver quadro 3), elementos comuns e distintos que permitem identificá-las e caracterizá-las como "empresas raízes" de um *cluster* genuinamente amazônico na ZFM.

Analisando os pontos comuns e diversos dessas empresas, é bom citar, como exemplo, o depoimento de um dos empreendedores que utiliza o processo de incubação no Cide:

> Minha área sempre foi a acadêmica. De empreendimento não entendia nada. Passei a entender um pouco depois que fiz o curso de Treinamento Gerencial Básico do Sebrae, que ficou gratuito para quem estava incubado aqui. Ainda hoje patino nessas questões administrativas, de marketing e logística, mas recorro ao Cide para tudo.

Para também mostrar o quanto é importante o sentido de cooperação entre as empresas, cabe aqui citar as palavras de um fabricante da Índia entrevistado por Schmitz (2000a): "Exigem-nos que produzamos com preços do Terceiro Mundo, porém com qualidade do Primeiro Mundo".

Essa é uma das linhas que norteiam os negócios hoje em dia, e acredita-se que todos precisam de auxílio para se posicionar melhor no mercado, e como diz Schimitz (2000a), se agrupem para os mercados de exportação. Isso pode ser válido em todos os sentidos para todas as circunstâncias de negócios.

As lições mostradas pelos empresários devem servir de iniciação e base para que seja desenvolvido um trabalho que faça com que eles possam comungar um pensamento único voltado para a eficiência coletiva, a cooperação, a solidariedade empresarial, porque todos apresentam pontos comuns e distintos que precisam ser observados, analisados e trabalhados em conjunto.

Quadro 3
Pontos comuns e distintos das MPMEs

Itens	Empresas			
	1ª	2ª	3ª	4ª
Localização em Manaus	S	S	S	S
Empresa familiar (responsabilidade limitada)	S	S	N	S
Origem local	S	S	S	S
Capital próprio	S	S	S	S
Experiência empreendedora anterior	S	N	S	N
Possui tecnologia própria	S	S	S	S
Linha de produção (produtos semelhantes)	S	S	S	S
Interações com universidades e centros de pesquisa da região	S	S	S	S
Efetua compras locais e de comunidades do interior	S	S	S	S
Recebeu algum auxílio governamental	N	N	N	N
Participa de processos de incubação de empresas	N	S	N	S
Utiliza insumos importados nos processos de produção	N	S	S	S
Importa diretamente pela ZFM	N	N	S	N

Continua

Itens	Empresas			
	1ª	2ª	3ª	4ª
Possui projeto aprovado pela Suframa	N	N	S	N
Compra insumos nacionais (Centro-Sul)	S	S	S	S
Necessita de mão de obra especializada	S	S	S	S
Possui instalações próprias	S	S	S	N
Utiliza matéria-prima regional	S	S	S	S
Necessita de equipamentos mais sofisticados	S	S	S	S
Pensa em ampliação da produção, inclusive novos produtos	S	S	S	S
Pensa entrar em novos mercados consumidores	S	S	S	S
Pensa entrar em novos nichos de mercado	S	S	S	S
Enfrenta dificuldades na aquisição de insumos	S	S	S	S
Faz aquisições em conjunto	N	N	N	N
Possui dificuldades com as embalagens dos produtos	S	S	S	S
Já efetuou alguma exportação	S	S	N	N
Possui sistema de gestão ambiental	N	N	N	N
Possui certificação ecológica e/ou selo verde	N	N	N	N
Necessita melhorar o controle de qualidade dos produtos	S	S	S	S
Necessita sistemas de informatização adequados	S	S	S	S
Necessita de um suporte técnico-científico melhor	S	S	S	S
Compartilha equipamentos ou usa equipamentos de instituições de pesquisa da região	N	N	N	N
Seus produtos estão sob fiscalização do governo	S	S	S	S
Desenvolve ações conjuntas de marketing	N	N	N	N
Os produtos necessitam ser certificados	S	S	S	S

S = sim; N = não.

Conforme enfatizado pelos empreendedores nas entrevistas realizadas, destacam-se também pontos negativos (obstáculos) e positivos (ver quadro 4) que estão diretamente ligados ao desenvolvimento e crescimento do setor e afetam a competitividade local/regional de todo o segmento.

Quadro 4

Pontos negativos (obstáculos) e positivos

Pontos negativos (obstáculos)
» Organização do setor (os interesses ainda não convergem)
» Equipamentos industriais defasados
» Falta uma central de compras para atender ao setor
» Faltam fornecedores de matéria-prima regional qualificados e certificados
» Carência de indústrias fornecedoras de embalagens em Manaus
» Não existe integração dos órgãos de conhecimento em resolver os problemas do setor, ou seja, não há cooperação (por exemplo, empréstimo de equipamento)
» Custos elevados para a implantação de laboratórios e aquisição de equipamentos
» Tempo de transporte de matéria-prima do Sul/Sudeste para Manaus: 17 dias de São Paulo/22 dias do Rio Grande do Sul
» Política de qualidade das matérias-primas, processos e produtos finais (não há serviço local de referência que possa avaliar a qualidade, inexistência de empresas que se ocupem da padronização e controle)
» Burocracia dos órgãos públicos na liberação dos produtos (MS, MF, MA, Sefaz, Suframa)
» Não há formação de mão de obra qualificada e carência de mão de obra especializada
» Falta de incentivos para participação em feiras e eventos
» Dificuldade de acesso ao crédito
» Legislação específica para o setor
» Falta de apoio dos órgãos de desenvolvimento regional
» Produtos ainda não classificados na TAB/NCM (alíquotas tarifárias)
» Falta incentivo fiscal para produtos regionais
» Falta de apoio em infraestrutura
» Falta de designers (etiquetas, embalagens)
» Divulgação e marketing dos produtos naturais da Amazônia
» Falta de cultura local de uso dos produtos naturais
» Necessidade maior de investigação científica dos produtos fitoterápicos
» Falta de orientação técnica
» Ampliação do mercado
» Falta de estatísticas das empresas locais
» Entraves nas exportações
» Obtenção dos Processos Produtivos Básicos (PPBs) de cosméticos
» Legislação de fitoterápicos
Pontos positivos
» Inauguração do Centro de Biotecnologia da Amazônia (CBA)
» Demanda crescente de produtos naturais e ecologicamente corretos
» Competências tecnológicas das empresas, apesar do sistema artesanal ou semiartesanal de produção, em alguns casos
» Marketing favorável de produtos amazônicos devido ao nome "Amazônia"
» Presença de entidades de pesquisa e detentoras de tecnologia na região, tais como: Embrapa, Inpa, Ufam, Museu Emilio Goeldi, e outros
» Produtos novos
» Qualificação da matéria-prima regional (existência de empresa de esterilização na região)
» Uso do selo verde FSC Brasil
» Formação de parcerias com o terceiro setor (ONGs nacionais e internacionais)

Analisando os pontos elencados nos quadros 3 e 4, vê-se que as MPMEs desse agrupamento, para se manterem nesse segmento industrial, necessitam ultrapassar ainda algumas barreiras e somente unidas poderão ter mais condições de superá-las para usufruir melhor, tirando o máximo de proveito dos pontos positivos existentes.

Quando analisamos principalmente os pontos que entravam o crescimento das MPMEs e do setor de produtos naturais na ZFM, no que se refere às exportações, caminho a ser trilhado pelas empresas, vale destacar as palavras de um dos empresários:

> O Ministério do Desenvolvimento, Indústria e Comércio Exterior vem desenvolvendo uma política de incentivo às exportações, entretanto, o Ministério da Saúde está na contramão dessa linha, dificultando os processos. É difícil para os pequenos ficarem nesse fogo cruzado.

Outro ponto destacado pelo empresário é que não há definição objetiva de políticas locais e setoriais, principalmente quanto ao estudo da cadeia produtiva para fitoterápicos e fitocosméticos, pois existem várias frentes de trabalho estudando a mesma coisa, e é necessário um foco comum de convergência de modo que se tenha um pensamento uniforme sobre essas questões para que todos sejam beneficiados.

Acredita-se, portanto, que sob formas de cooperação mútuas, características dos *clusters*, as interações entre si acontecerão e se desenvolverão dentro de objetivos comuns que beneficiarão a todas as empresas do agrupamento, porque será mais fácil levantar os aspectos mais críticos que afetam o conjunto e direcionar ações prioritárias e bem focadas que levem às soluções setoriais.

Um exemplo simples e claro do que pode acontecer, visto as próprias necessidades internas, é que operando e cooperando em *cluster* podem melhorar, de modo substancial e com custos mais baratos, as embalagens de seus produtos e colocá-las no nível das que embalam produtos similares importados, e até mesmo criar uma demanda que possibilite o desenvolvimento de fornecedores especializados na região, uma vez que existe na ZFM o subsetor industrial plástico. Isso trará mais competitividade aos produtos e condições para competirem em outros mercados. Outros exemplo são o crescimento da oferta de matéria-prima vegetal, com qualidade e preço, as questões relacionadas à legislação e certificação de produtos, e assim por diante.

Isso, sem dúvida, visa torná-las mais competitivas, compartilhando entre si, com objetivos comuns de agregar mais valor aos produtos, de reduzir os custos operacionais, de defender uma regulamentação mais acessível, como, por exemplo, a dos fitoterápicos, de permitir o fluxo contínuo de conhecimentos existentes com vistas à inovação tecnológica e melhoria dos processos, entre outros, sempre na busca de apresentar ao mercado globalizado produtos com qualidade e preço competitivo, que são atributos que contribuem para o crescimento e a sobrevivência das empresas nos dias atuais.

Aspectos gerais sobre o ambiente de atuação das MPMEs

Em função dos sentimentos, preocupações e anseios demonstrados pelos empreendedores durante as entrevistas, quanto aos obstáculos que podem interferir no crescimento de suas organizações, os fatores dos ambientes externo e interno, as oportunidades e ameaças, bem como os cenários futuros previstos para a região e o setor onde suas empresas atuam se tornam importantes, porque podem servir como uma diretriz à gestão estratégica dos seus negócios.

Com essa concepção, e tendo como base as informações apresentadas pelas MPMEs deste estudo, verifica-se que elas trabalham com os seguintes valores:

- autossustentabilidade;
- preservação do meio ambiente;
- produtos peculiares e característicos da região;
- produtos genuinamente naturais;
- qualidade e originalidade;
- informações claras e precisas;
- rentabilidade;
- responsabilidade social com compensação das comunidades locais pelo conhecimento e não só pela compra da matéria-prima.

Ambiente externo

Os fatores do ambiente externo são aqueles que estão fora do controle das organizações e geram informações essenciais sobre a inserção ou penetração de uma empresa em seu contexto comunitário e de mercado. Isso pode servir para mostrar as potencialidades das empresas do setor em relação a variações externas que se apresentam como oportunidades e ameaças.

Nesse caso, visto terem sido citados pelas empresas, é importante e necessário que os fatores do ambiente externo relacionados no quadro 5 sejam considerados, porque podem exercer influências favoráveis e desfavoráveis no crescimento e desenvolvimento das MPMEs do setor.

Quadro 5

Fatores da ambiência externa

Fatores do ambiente externo remoto (macroambiente)	F	D
Regulamentação do setor de medicamentos e fitoterápicos		X
Concorrência internacional com produtos naturais de outros países		X
Foco internacional na Amazônia (uso da marca)	X	
Preocupação mundial com o meio ambiente	X	
Crescente demanda por produtos naturais e orgânicos	X	
Interesse político no desenvolvimento regional sustentado	X	
Crescimento da demanda pelo uso da medicina alternativa	X	
Fatores do ambiente externo próximo (microambiente)	F	D
Proximidade dos fornecedores de matéria-prima de origem vegetal	X	
Construção do Centro de Biotecnologia da Amazônia (CBA)	X	
Instituições de pesquisa da região: Inpa, Ufam, UEA, Embrapa	X	
Pesquisas desenvolvidas na área	X	
Recursos humanos qualificados		X
Cursos de formação profissional		X
Concorrência local		X
Novos entrantes no mercado		X

F = favorável; D = desfavorável.

Não cabe, neste capítulo, uma discussão maior, porém um dos pontos desfavoráveis para as MPMEs é a Resolução nº 17, de 24 de fevereiro de 2000, da Anvisa, que apresenta uma nova classificação de medicamento fitoterápico (novo, tradicional e similar) e trata esses produtos como medicamentos dificultando o registro como medicamento tradicional. Isso poderá trazer problemas para as que estão em operação e dificuldades para novos entrantes nessa área, pois o custo envolvido somente na validação de um produto inviabiliza o negócio.

As pesquisas e estudos sobre o aproveitamento econômico de alguns produtos fitoterápicos, em especial os tradicionais, da região amazônica já são evidentes e envolvem desde o plantio/colheita, beneficiamento e produção final, que é a fase de atuação da vigilância sanitária. Foi mencionado que a pesquisa de um produto fitoterápico engloba duas fases: levantamento etnofarmacológico e a validação científica, homologação realizada pelos centros nacionais de saúde credenciados, que no Brasil são três: Rio de Janeiro, Campinas e Fortaleza. Com a operação do CBA, as possibilidades de se ter um centro de excelência credenciado em Manaus aumentam consideravelmente.

Por isso acredita-se que a atuação das empresas sob a forma de *cluster* regional ou APL, proposta neste estudo, poderá auxiliá-las a consolidarem os seus empreendimentos industriais, dando-lhes mais condições de crescimento, pois com a união, solidarização e cooperação mútua terão mais chances de trazer laboratórios certificados para a região e/ou desenvolver e aprimorar os locais ainda não qualificados, aumentando o leque de vantagens e facilidades para todos os integrantes e para o âmbito regional.

Não menos importante é o conjunto de condições e forças que fazem parte das transações diretas das empresas do setor com seu microambiente, ou seja, aqueles fatores relevantes que são específicos de cada organização, e que carecem de uma análise com uma perspectiva de curto prazo. Engloba elementos como missão, objetivos, identidade, clientela, localização, conhecimento da comunidade próxima, de demandas e necessidades específicas de mercado, entre outros.

Oportunidades e ameaças

As oportunidades foram identificadas selecionando os fatores mais críticos do ambiente interno e externo e realizando as combinações entre os lados positivos — favoráveis (externos) com os pontos fortes (internos). De igual forma, as ameaças que representam danos potenciais foram levantadas selecionando os fatores mais críticos do ambiente interno e externo e realizando as combinações entre os lados negativos — desfavoráveis (externos) com os pontos fracos (internos). Assim, entre outras, o quadro 6 lista as oportunidades e ameaças identificadas.

Quadro 6
Oportunidades e ameaças

Oportunidades

1. Quanto maior a evidência da Amazônia:
    ▶ maior o fortalecimento da marca;
    ▶ maior a divulgação dos produtos;
    ▶ maior a oportunidade de exportação;
    ▶ maior a capacidade de penetração em novos mercados;
    ▶ menor o custo em propaganda e marketing.

2. Quanto maior a preocupação com o meio ambiente, maior a valorização dos produtos naturais.
3. Quanto maior a demanda por produtos naturais, maior a possibilidade de venda.

4. Quanto maior a proximidade dos fornecedores de matéria-prima:
    ▶ menor o custo operacional;
    ▶ maior a facilidade de acesso;
    ▶ maior a possibilidade de capacitá-los.

5. Quanto maior o interesse político no desenvolvimento regional, maior a disponibilidade de recursos para financiamentos.
6. Quanto maior a quantidade de pesquisas realizadas, maior a possibilidade de desenvolvimento de novos produtos.
7. Quanto maior a demanda pela medicina alternativa, maior a penetração de venda dos produtos naturais.
8. Com o funcionamento do CBA, maior volume de pesquisas desenvolvidas.
9. Quanto maior a regulamentação do setor de fitoterápicos, menor a concorrência dos preparados domésticos.
Ameaças
1. A regulamentação pode retardar, restringir ou até dificultar a entrada dos produtos no mercado.
2. Quanto menor o número de recursos humanos qualificados, maiores os custos com a mão de obra e/ou perda de qualidade.
3. Quanto maior a concorrência internacional, maior a possibilidade de perda de fatia de mercado.
4. Quanto maior a preocupação mundial com o meio ambiente, maior o radicalismo ecológico.
5. Quanto menores os interesses políticos com relação ao desenvolvimento regional sustentado, menores as chances de incentivos fiscais, financiamentos para pesquisa, produção e comercialização.
6. Quanto maior o volume de pesquisas desenvolvidas na área, maior a possibilidade de novos entrantes no mercado de produtos naturais.
7. Quanto maior a concorrência, maior o custo na estratégia de marketing e maior a possibilidade de trabalhar com margens estreitas de lucros.
8. Interveniência lobista da indústria farmacêutica convencional.

Conclusão

Essas quatro MPMEs consideradas neste capítulo expressam de forma significativa como está ocorrendo a industrialização de produtos naturais, em especial de fitoterápicos e fitocosméticos no âmbito da ZFM, duas áreas específicas que estão em gradual expansão e possuem amplas condições de prosperidade, visto as mudanças que vêm ocorrendo em nível global, observadas as tendências atuais e os cenários futuros.

No caso da indústria de higiene pessoal, perfumaria e cosméticos é crescente a utilização da biodiversidade brasileira, principalmente de plantas amazônicas, contudo, muitos produtos fitocosméticos do mercado necessitam de certificados analíticos e ainda não têm condições de contar com insumos padronizados para a sua produção. A área de cosméticos é vista pelo governo brasileiro[21] como uma das áreas industriais que têm potencial exportador e possibilidade de geração de emprego e, considerando o acentuado uso da biodiversidade brasileira, especialmente a amazônica, por esse segmento, vem apostando todas as suas "fichas" no crescimento econômico nessas duas cadeias produtivas.

Embora apenas 1% das empresas de cosméticos estejam instalada na região Norte, conforme afirma o ministro do MDIC, vemos a oportunidade se apresentando para incremento desse setor na ZFM, seja com ou sem incentivos fiscais, e isto é mais um ponto favorável que justifica o fomento de *clusters* na região, porque contribuirá para que trabalhos sejam dirigidos visando ao adensamento da cadeia produtiva e ao fortalecimento dessa forma de organização industrial local.

Outro ponto importante que vale citar quando nos referimos aos fitomedicamentos é que a característica marcante desse mercado no mundo, e sobretudo no Brasil, é que ele é constituído predominantemente por pequenas empresas familiares/tradicionais, cuja capacidade econômico/financeira para o desenvolvimento de processos de inovação tecnológica é quase sempre reduzida.

---

[21] Declaração feita pelo ministro Luiz Fernando Furlan ao instalar o 12º Fórum de Competitividade do Ministério do Desenvolvimento, Indústria e Comércio Exterior.

Com relação ao mercado de fitoterápicos, um evento muito importante, em função da aproximação entre a medicina complementar de base tradicional e a medicina convencional altamente científica, é a entrada de novos participantes, notadamente das grandes empresas multinacionais farmacêuticas,[22] que começam a se interessar por esse mercado em expansão, e algumas delas já iniciaram a compra de pequenas empresas produtoras de fitomedicamentos e/ou a criação de divisões específicas para atuarem nesse segmento.

O que vem ocorrendo, principalmente na Europa, é que empresas tradicionais de fitoterápicos estão sendo absorvidas por grandes multinacionais do setor farmacêutico, que rebatizam seus produtos e fazem seu marketing e comercialização por meio da vasta rede de distribuição que possuem. Essa tendência certamente chegará aqui e atingirá as MPMEs que operam com fitomedicamentos.

Assim, um aspecto que deve ser levado em consideração é que a entrada dessas grandes empresas nesse mercado exigirá uma maior profissionalização da área de produtos naturais, reforçada pela abordagem científica que vem recebendo, acabando inclusive com a fase de "amadorismo" ainda existente. Portanto, as MPMEs deverão se preparar logo.

Aqui novamente se tem um fator adicional para a implantação de *clusters* nessa área, porque a indústria regional não é diferente e corre risco de ser absorvida pelas grandes se não se agruparem sob esse regime. Hoje, é um pequeno número que já mostra as dificuldades e as oportunidades existentes no setor, por isso um trabalho *pari passu* a ser implementado na região no sentido de eliminar os obstáculos, fomentar e estimular esse agrupamento sob a forma de um *cluster* poderá fortalecer as existentes, abrir espaços para o aparecimento de novos empreendedores e contribuir para o crescimento do setor.

É importante essa direção adotada, porque, apesar da grande concentração da produção do PIM, embora haja uma diversidade de produtos industrializados, já se vislumbra em Manaus o surgimento de um novo polo industrial, constituído basicamente de bioindústrias (futuro Polo de

---

[22] Ver *Medicamentos a partir de plantas medicinais no Brasil*, documento organizado por Sérgio Henrique Ferreira, 1998, publicação avulsa da Academia Brasileira de Ciências.

Biotecnologia Amazônico), que terá, além de um dos maiores centros de biotecnologia do Brasil, o maior laboratório natural do mundo à sua disposição: a floresta amazônica. A implantação desse polo, em médio prazo, poderá gerar um faturamento anual igual ou superior ao atualmente gerado pelo PIM (média de US$ 10 bilhões/ano).

Dessa maneira, o modelo ZFM deve seguir passos que o levem a se consolidar definitivamente como uma base industrial permanente na região e isso não é fácil, porém, nota-se que há uma preocupação constante com o desenvolvimento futuro do PIM, quanto à absorção de novas tecnologias, capacitando-o para enfrentar as mutações ambientais.

O resultado disso é o comprometimento da Suframa com a região, que, nestes últimos anos em consonância com a sua missão, vem direcionando suas ações baseadas em premissas que visam fortalecer o seu papel nas ações governamentais mediante a implementação de programas de interiorização que se consolidem por meio de projetos economicamente viáveis, e que contemplem o aproveitamento das matérias-primas regionais e da biodiversidade existente.

Assim, de imediato, acredita-se que seja possível envidar esforços na construção de uma base industrial alternativa e adicional à existente, como essa de produtos regionais, que use a forma de organização industrial baseada em *clusters*, com as expectativas a seguir:

- constituído de MPMEs locais com empreendedores da região (maior oferta de empregos);
- operando com produtos da Amazônia;
- empregando bases tecnológicas próprias desenvolvidas em organizações públicas e privadas da região, como Inpa, Ufam, Embrapa, CBA, Museu Emilio Goeldi, ONGs nacionais e internacionais que possuem especialização de excelência no Brasil/mundo sobre a Amazônia;
- utilizando parte da cadeia produtiva que já existe, e incluindo fomento para outros estudos;
- focalizando o desenvolvimento sustentável com a absorção da cultura local via conhecimento, por exemplo, que o povo amazônico (índios e caboclos) tem sobre as plantas e remédios naturais da região.

Referências bibliográficas

ABNT (Associação Brasileira de Normas Técnicas). *Apresentação de relatórios técnicos-científicos*. NBR 10719. Rio de Janeiro, ago. 1989.

_____. *Apresentação de citação em documentos*. NBR 10520. Rio de Janeiro, abr. 1992.

ACORDO SUDAM/PNUD. *Rede para conservação e uso dos recursos genéticos amazônicos (GENAMAZ)*. 2. ed. Belém: Sudam, 1996.

_____. *Estudo de mercado de matéria-prima:* corantes naturais (cosméticos, indústria de alimentos), conservantes e aromatizantes, bioinseticidas e óleos vegetais e essenciais (cosméticos e oleoquímica). Belém, 2000.

ALBAGLI, Sarita. *Geopolítica da biodiversidade*. Brasília:Ibama, 1998.

ALBU, M. Technological learning and innovation in industrial clusters in the South. *SPRU Electronic Working Paper*, n. 7, University of Sussex, Brighton, 1997.

ALECRIM. *Biotecnologia no Amazonas*. Disponível em: <www.uol.com.br/bemzen/ultnot/noticias/ult47u822htm>.

ALTEMBURG, T.; MEYER-STAMER, J. How to promote clusters: policy experiences from Latin America. *World Development*, v. 27, n. 9, p. 1693-1713, 1999.

ALVES-MAZZOTTI, Alda; GEWANDSZNAJDER, Fernando. *O método nas ciências naturais e sociais*. 2. ed. São Paulo: Pioneira, 1999.

AMARAL FILHO, J. do. A endogeneização no desenvolvimento econômico regional e local. *Revista Planejamento e Políticas Públicas – PPP*, Brasília, n. 23, p. 261-286, jun. 1999.

_____ et al. Núcleos produtivos e arranjos produtivos locais: casos do Ceará. In: SEMINÁRIO INTERNACIONAL "POLÍTICAS PARA SISTEMAS PRODUTIVOS LOCAIS DE MPME, 2002. *Anais...* Mangaratiba, Rio de Janeiro: Redesist.

AMORIM, M. Alves. *Clusters como estratégia de desenvolvimento industrial no Ceará*. Fortaleza: Banco do Nordeste, 1998.

ANDERSON, Anthony et al. *O destino da floresta*: reservas extrativistas e desenvolvimento sustentável na Amazônia. Rio de Janeiro: Relume-Dumará, 1994.

ARAÚJO, Ana V.; CAPOBIANCO, João P. (Orgs.). Biodiversidade e proteção do conhecimento de comunidades tradicionais. *Documentos do Instituto Socioambiental – ISA*, n. 2, nov. 1996.

BARBIER, E. B. Biodiversity, trade and international agreements. *Journal of Economics Studies*, v. 27, n. 1/2, 2000.

BASIRON, Y. *The palm oil industry, export trade and future trends.* 1992. 8p. (Porim Information Series).

_____; ABDULLAH, R. Palm oil update. *Inform (International News on Fats, Oil and Related Materials)*, v. 6, n. 8, p. 884-898, ago. 1995.

_____; IBRAHIM, A. Óleo de palma: velhos mitos, novos fatos. *Óleos & Grãos*, v. 5, n. 24, p. 21-26, maio/jun. 1995.

BECATTINI, G. The Marshallian industrial district as a socio-economic notion. In: PYKE, F. et al. *Industrial districts and inter-firm cooperation in Italy.* Geneva: International Institute of Labour Studies, 1990. p. 37-51.

BELL, M.; ALBU, M. Knowledge systems and technological dynamism in industrial clusters in developing countries. *World Development*, v. 27, n. 9, p. 1715-1734, 1999.

_____; PAVITT, K. Technological accumulation and industrial growth: contrasts between developed and developing countries. *Industrial and Corporate Change*, v. 2, n. 2, p. 157-209, 1993.

BENCHIMOL, Samuel I. Impactos econômicos da ocupação da Amazônia e perspectivas. In: SEMINÁRIO ALTERNATIVAS PARA O DESENVOLVIMENTO SUSTENTÁVEL DA AMAZÔNIA, 1992. *Anais...* Rio de Janeiro. 5p.

_____. *Esboço de uma política e estratégia para a Amazônia.* Manaus, 1994. 27p. ms.

_____. *Zona Franca de Manaus*: polo de desenvolvimento industrial. Manaus: Universidade do Amazonas, Federação das Indústrias do Amazonas e Associação Comercial do Amazonas, 1997. 67p.

_____. *Exportação da Amazônia brasileira 1997.* Manaus: Valer, 1998.

_____. *Comércio exterior da Amazônia brasileira.* Manaus, 1999. 226p. ms.

BOTELHO, A. J. *Redesenhando o projeto ZFM*: um estado de alerta. Manaus: Sebrae, 1996.

BRASIL. *Nova política industrial*: desenvolvimento e competitividade. Brasília: Presidência da República, 1998.

_____. Ministério do Meio Ambiente, dos Recursos Hídricos e da Amazônia Legal – MMA. *Produtos potenciais da Amazônia*. Brasília: MMA/Suframa/Sebrae/GTA, 1998. 19v.

BREMER, Carlos F.; GUTIERREZ, Arturo M. Estrutura para negócios virtuais globais. In: ENCONTRO NACIONAL DE ENGENHARIA DE PRODUÇÃO, 18., Niterói, RJ, 1998. *Anais...* Niterói: UFF, TEP, 1998.

BRUSCO, S. The idea of the industrial district: its genesis. In: PYKE, F. et al. *Industrial districts and inter-firm cooperation in Italy*. Geneva: International Institute of Labour Studies, 1990. p. 10-19.

_____. Trust social capital and local development: some lessons from the experience of the Italian districts. In: OCDE. *Networks of enterprises and local development*. Paris: OCDE, 1996. p. 115-119.

BUITELAAR, Rudolf M. *Cómo crear competitividad colectiva?* Santiago: Cepal, 2000. ms.

CAMPOS, R. R. et al. O cluster da indústria de revestimento em Santa Catarina: um caso de sistema local de inovação. In: SUZIGAN, W. (Coord.). *Clusters e sistemas locais de inovação*: estudos de caso e avaliação da região de Campinas, anais do seminário, set. 1999. Campinas: Unicamp, 1998. p. 309-377.

CASSIOLATO, J. E.; LASTRES, H. M. M. (Eds.) *Globalização e inovação localizada*: experiências de sistemas locais no Mercosul. Brasília: Ibict/IEL, 1999.

_____; _____. O enfoque em sistemas produtivos e inovativos locais. In: FISCHER, T. (Org.). *Gestão do desenvolvimento e poderes locais*: marcos teóricos e avaliação. Salvador: Casa da Qualidade, 2002.

_____; _____; MACIEL, M. L. (Eds.). *Systems of innovation and development*. Cheltenham: Edward Elgar, 2003.

_____; _____; SZAPIRO, M. Arranjos e sistemas produtivos locais e proposições de políticas de desenvolvimento industrial e tecnológico. In: SEMINÁRIO

LOCAL CLUSTERS, INNOVATION SYSTEMS AND SUSTAINED COMPETITI-VENESS, 2000. *Proceedings...* Rio de Janeiro: IE-BNDES. (Nota Técnica 5).

CAWTHORNE, P. M. Of networks and markets: the rise and rise of a South Indian town, the example of Tiruppur's cotton knitwear industry. *World Development,* v. 23, n. 1, p. 43-56, 1995.

CEGLIE, G.; DINI, M. *SME cluster and network development in developing countries:* the experience of Unido, United Nations Industrial Development Organization. Viena: Unido, 1999. (PSD Technical Working Papers Series).

CHOPRA, Deepak; SIMON, David. *O guia Deepak Chopra de ervas:* 40 receitas naturais para uma saúde perfeita. Rio de Janeiro: Campus, 2001.

CLAY, W. Jason; SAMPAIO, Paulo de Tarso B.; CLEMENT, Charles R. *Biodiversidade amazônica*: exemplos e estratégias de utilização. Manaus: Programa de Desenvolvimento Empresarial e Tecnológico, 2000.

CLUSENER-GODT, M.; SNACHS, I. *Extractivism in the Brasilian Amazon*: perspectives on regional development. Paris: Unesco, 1994. (MAB digest, 18).

COOKE, P.; MORGAN, K. *The associational economy*: firms, regions and innovation. Oxford: Oxford University Press, 1998.

COOMBS, R.; SAVIOTTI, P. P.; RICHARDS, A. (Eds.). *Technological collaboration*: the dynamics of cooperation in industrial innovation. London: Edward Elgar, 1996.

COUTINHO, Luciano; FERRAZ, João Carlos (Coords.). Competitividade do Complexo Eletrônico. In: *Estudo da competitividade da indústria brasileira.* Consórcio IE/Unicamp, IEI/UFRJ, FDC, Funcex, 1993.

CROCCO, M. et al. O arranjo produtivo calçadista de Nova Serrana-MG. In: TIRONI, L. F. *Industrialização descentralizada*: sistemas industriais locais. Brasília: Ipea, 2001. p. 323-382.

DIEGUES, A. C. Sant´ana. *O mito moderno da natureza intocada.* São Paulo: Hucitec, 1996.

DRUCKER, Peter F. As mudanças na economia mundial. *Política Externa,* v. 1, n. 3, dez./jan./fev. 1992-93.

ECO, U. *Como se faz uma tese*. 14. ed. São Paulo: Perspectiva, 1996.

ESTUDO DA COMPETITIVIDADE DA INDÚSTRIA BRASILEIRA: *competitividade em biotecnologia;* nota técnica setorial do complexo agroindustrial. Campinas: IE-Unicamp/IE-UFRJ, FDC, Funcex, 1993. 79p.

EXAME. São Paulo: Abril, ed. 739, 2001.

FAIRBANKS, M.; STACE, L. *Arando o mar*: fortalecendo as fontes ocultas do crescimento em países em desenvolvimento. Tradução de Maria Motta. Rio de Janeiro: Qualitymark, 2000.

FAO. *Espécies forestales productoras de frutos y otros alimentos*. Ejemplo de América Latina. Roma: FAO, 1987. 241p. (Estúdio FAO Montes, 44/3).

FERREIRA, S. H. *Medicamentos a partir de plantas medicinais no Brasil*. Academia Brasileira de Ciências, 1998.

FIGUEIREDO, Paulo N. Capacitação tecnológica e inovação na indústria eletrônica. *Revista Brasileira de Management*, set./out. 2001.

_____; ARIFFIN, Norlela. *Estudo sobre a acumulação de capacitação tecnológica e inovação na indústria eletrônica*: evidências de Manaus. Manaus: Isae/FGV, 2001.

GOVERNO DO ESTADO DO AMAZONAS. *Plano estratégico de desenvolvimento do Amazonas – Planamazonas* – versão preliminar. Manaus, 1994. 143p.

HADDAD, Paulo R. *Os clusters produtivos*. 2000. Disponível em: <www.nordeste.org.br/artigos.htm>.

HANAN, Samuel. *O Amazonas do futuro (coletânea de artigos)*. Manaus, 2001.

HOGAN, D. Joseph; VIEIRA, P. Freire (Orgs.). *Dilemas socioambientais e desenvolvimento sustentável*. Campinas: Unicamp, 1992.

HUMPHREY, John. Industrial reorganization in developing countries: from models to trajectories. *World Development*, v. 23, n. 1, p. 149-162, 1995.

IGLIORI, Danilo Camargo. *Economia dos clusters industriais e desenvolvimento*. 2000. Dissertação (Mestrado) – Faculdade de Economia e Administração, Universidade de São Paulo, São Paulo.

IMAM CONSULTORIA LTDA. *Desempenho da indústria brasileira*. São Paulo, 1990.

_____. *Desempenho da indústria brasileira.* São Paulo, 1993.

_____. *Desempenho da indústria brasileira.* São Paulo, 1996.

ISAE-AM/FGV. *Estudos das potencialidades regionais dos estados da Amazônia Ocidental e do estado do Amapá.* Manaus. Versão atualizada em 2001.

_____. *O potencial exportador das empresas localizadas na Zona Franca de Manaus.* Manaus, 2002.

ISTO É. São Paulo: Editora Três, ed. 1.513, 1998.

KATE, K. Ten; LAIRD, S. *The commercial use of biodiversity*: acess to genetic resources and benefit-sharing. London: Earthscan, 2000.

KNORRINGA, P. Agra: an old cluster facing the new competition. *World Development*, v. 27, n. 9, p. 1587-1604, 1999.

KRUGMAN, P. R. *Geography and trade.* Cambridge, Massachusetts: MIT Press, 1991.

_____. *Development, geography, and economic theory.* Cambridge, Massachusetts: MIT Press, 1995.

LACERDA, Antônio Corrêa de. *O impacto da globalização na economia brasileira.* São Paulo: Contexto, 1998.

LAKATOS, Eva Maria; MARCONI, Marina de Andrade. *Metodologia científica.* São Paulo: Atlas, 1986.

LASTRES, H. M. M. FERRAZ, J. Economia da informação, do conhecimento e do aprendizado. In: _____; ALBAGLI, S. (Eds.). *Informação e globalização na era do conhecimento.* Rio de Janeiro: Campus, 1999.

_____. et al. Globalização e inovação localizada. In: CASSIOLATO, J. E.; LASTRES, H. M. M. *Globalização e inovação localizada* – experiências de sistemas locais no Mercosul. Brasília: IEL/Ibict, 1999.

_____ et al. *Interagir para competir*: promoção de arranjos produtivos e inovativos no Brasil. Brasília: Sebrae, 2002.

LEMOS, C. *Inovação em arranjos e sistemas de MPME, rede de sistemas produtivos e inovativos locais.* Rio de Janeiro: UFRJ, 2002.

MADDISON, Angus. Desempenho da economia mundial desde 1870. In: GALL, Norman et al. *Nova era da economia mundial.* São Paulo: Pioneira/Instituto Fernand Braudel de Economia Mundial, 1989.

MAIMON, D. *O passaporte verde*. Rio de Janeiro: Qualitymark, 1996.

_____; PAVARINI, M. *Estudos de mercado*. Probem/Amazônia MMA, 1998. ms.

MARTINS, Gilberto de Andrade. *Manual para elaboração de monografias e dissertações*. 2. ed. São Paulo: Atlas, 1994.

MARSHALL, A. *Industry and trade*. London: Macmillan, 1919.

MARSHALL, A. *Princípios de economia*. Tradução de Ottolmy Strauch. 8. ed. São Paulo: Nova Cultural, 1985. v. I, II.

MASCARENHAS, J. M. O. *Corantes em alimentos:* perspectivas, uso e restrições. 1998. Dissertação (Mestrado) — Universidade Federal de Viçosa, Viçosa.

McKINSEY BRASIL; McKINSEY GLOBAL INSTITUTE. *Produtividade*: a chave do desenvolvimento acelerado do Brasil. São Paulo/Washington, 1998.

MEYER-STAMER, J. Path dependence in regional development: persistence and change in three industrial clusters in Santa Catarina, Brazil. *World Development*, v. 26, n. 8, p. 1495-1511, 1998.

MMA/SUFRAMA/SEBRAE/GTA. *Produtos potenciais da Amazônia*. Brasília, 1998.

MORIN, Edgar. *Saberes globais e saberes locais*: o olhar transdisciplinas. Rio de Janeiro: Garamond, 2000.

MPOPC. *Información y antecedentes básicos sobre el aceite de palma*. Malásia, 1991. p. 1-22.

_____. *Palm oil:* a guide for users. 47p. (Palm Oil Information Series).

MUSSA, Edson Vaz. O que une desenvolvimento e prosperidade. *A Gazeta Mercantil*, São Paulo, 15 set. 2000.

NADVI, K. M. *Small firm industrial districts in Pakistan*. Thesis (IDS D. Phil) — University of Sussex, Brighton, 1996.

NEPAM (Núcleo de Estudos e Pesquisas Ambientais). *A questão ambiental*: cenários de pesquisa. A experiência do ciclo de seminários do Nepam. Campinas: Unicamp, Nepam, 1995.

NEVES, Walter. Sociodiversidade e biodiversidade: os dois lados de uma mesma equação. In: *Desenvolvimento sustentável nos trópicos úmidos*. Belém: Unamaz/ UFPA. tomo II. 1992.

NORDESTE EM FOCO. Disponível em: <www.nordeste.org.br>.

OCDE. *Technology and the economy*: the key relationships. Paris: OCDE, 1992.

_____. *Networks of enterprises and local development*. Paris: OCDE, 1996.

_____. *The exchange fair of the World Congress on local clusters*. Paris: OCDE/ Datar/CEE, 2001.

OHMAE, Kenichi. *O fim do Estado-nação*. Rio de Janeiro: Campus, 1999.

OSBORNE, David; GAEBLER, Ted. *Reinventando o governo*. 5. ed. Brasília: MH Comunicação, 1995.

PATTON, M. Q. *Qualitative evalution and research methods*. 2. ed. Newbury Park, CA: Sage, 1990.

PERMAN, R.; ANAND, P. B. Development and the environment: an introduction. *Journal of Economics Studies*, v. 27, n. 1/2, 2000.

PIKMAN, Michele; FERREIRA, Nelson R.; AMATO NETO, João. Identificação e formação de redes de cooperação produtiva: um estudo de caso. In: ENCONTRO NACIONAL DE ENGENHARIA DE PRODUÇÃO, 18., Niterói, 1998. *Anais...* Niterói: UFF, TEP, 1998.

PIORE, M. J.; SABEL, C. F. *The second industrial divide*: possibilities for prosperity. New York: Basic Books, 1984.

PORTER, Michael E. *Estratégia competitiva*: técnicas para análise de indústrias e da concorrência. 7. ed. Rio de Janeiro: Campus, 1986.

_____. *Vantagem competitiva*: criando e sustentando um desempenho superior. Rio de Janeiro: Campus, 1989.

_____. *A vantagem competitiva das nações*. Rio de Janeiro: Campus, 1993.

_____. What is strategy? *Harvard Business Review*, Nov./Dec. 1996.

_____. Clusters and the new economics of competition. *Harvard Business Review*, v. 76, n. 6, p. 77-90, Nov./Dec. 1998.

_____; LINDE, Claas van der. Green and competitive. *Harvard Business Review*, Sept./Oct. 1995.

PUTNAN, R. *Making democracy work*: civic traditions in modern Italy. New Jersey: Princeton University Press, 1996.

PYKE, F.; BECATTINI, G.; SENGENBERGER, W. *Industrial districts and inter-firm co-operation in Italy.* Geneva: International Institute for Labour Studies, 1990.

_____; SENGENBERGER, W. *Industrial districts and local economic regeneration.* Geneva: International Institute of Labour Studies, 1992.

RABELLOTTI, R. Is there an industrial district model? Footwear districts in Italy and Mexico compared. *World Development*, v. 23, n. 9, p. 29-41, 1995.

_____. *External economies and cooperation in industrial districts.* A comparison of Italy and Mexico. London: Macmillan, 1997.

_____. Recovery of a Mexican cluster: devaluation bonanza or collective efficiency? *World Development*, v. 27, n. 9, p. 1571-1585, 1999.

_____; SCHMITZ, H. The internal heterogeneity of industrial districts in Italy, Brazil and Mexico. *Regional Studies*, n. 33, p. 97-108, 1999.

REBOUCAS O.; PINHO, D. *Sistemas, organização e métodos*: uma abordagem gerencial. 9. ed. São Paulo: Atlas, 1997.

REVILLA, Juan. *Plantas da Amazônia*: oportunidades econômicas e sustentáveis. Manaus: Programa de Desenvolvimento Empresarial e Tecnológico, 2000.

REVISTA AMAZÔNIA. Manaus: Vinte Um, n. 2, 1999.

_____. Manaus: Vinte Um, n. 3, 1999.

_____. Manaus: Vinte Um, n. 12, 2000.

REVISTA DA ZONA FRANCA DE MANAUS. Manaus: Suframa, 2001.

RIFKIN, Jeremy. *O século da biotecnologia.* São Paulo: Makron Books, 1999.

ROMÃO, Maurício Costa. *Os "cluster" e o desenvolvimento regional.* 2000. Disponível em: <www.nordeste.org.br/artigo003.htm>.

SAXENIAN, Annalee. *Regional advantage*: culture and competition in Silicon Valley and Route 128. Cambridge: Harvard University Press, 1994.

SCHMITZ, H. On clustering of small firms. *IDS Bulletin*, v. 23, n. 3, p. 64-69, July 1992a.

_____. Industrial districts: model and reality in Baden-Wurttemberg. In: PYKE, F.; SENGENBERGER, W. (Eds.). *Industrial districts and local economic regeneration*. Geneva: International Inst. for Labour Studies, 1992b.

_____. *Collective efficiency*: growth path for small-scale industry. Brighton: IDS, 1994. (Working paper).

_____. Small shoemakers and fordist giants: tale of a supercluster. *World Development*, v. 23, n. 1, p. 9-28, 1995.

_____. *Collective efficiency and increasing returns*. Brighton: IDS, 1997. (Working paper).

_____. Global competitionand local cooperation: success and failure in the Sinos Valley, Brazil. *World Development*, v. 27, n. 9, p. 1627-1650, 1999.

_____. Tiene importancia la cooperación local? Experiencias de clusters industriales en el Sur de Asia y América Latina. *El Mercado de Valores*, sept. 2000a.

_____. Local upgrading in global chains. In: SEMINÁRIO LOCAL CLUSTERS, INNOVATION SYSTEMS AND SUSTAINED COMPETITIVENESS. *Proceedings...* Rio de Janeiro: IE-BNDES, 2000a. (Nota Técnica 5).

_____; MUSICK, B. *Industrial districts in Europe*: policy lessons for development countries. Brighton: IDS, 1993. (Discussion Paper, n. 324).

_____; NADVI, K. Clustering and industrialization: introduction. *World Development*, v. 27, n. 9, p. 1503-1514, 1999.

SCHUMPETER, J. A. *A teoria do desenvolvimento econômico*. Tradução de Maria Silvia Possas. São Paulo: Nova Cultural, 1985.

SERRA, José. *O exame das políticas setoriais*. São Paulo: Fundação Seade, 1979. (Série Estudos e Pesquisas, n. 32).

SILVA, Evandro de Araújo. O polo industrial de medicamentos à base de produtos da biodiversidade do Amazonas. *Revista da Universidade do Amazonas*, jan./dez. 2000.

SIMPÓSIO INTERNACIONAL AMAZÔNIA. Estratégias de desenvolvimento sustentável: uma contribuição para a elaboração de planos de desenvolvimento e Agenda 21. Maio de 1997.

SOBEET (Sociedade Brasileira de Estudos de Empresas Transnacionais e da Globalização Econômica). Comportamento tecnológico das empresas transacionais em operação no Brasil. *Conjuntura Econômica*, Rio de Janeiro, mar. 2000.

STORPER, M. *The regional world:* territorial development in a global economy. Perspectives on economic change. New York: Guilford Press, 1997.

SUDAM, C.; GENAMAZ, T. *Estudo do potencial de mercado de fármacos (medicamentos e cosméticos) fitomedicamentos, bancos de extratos e compostos e serviços de patenteamento e certificação*: relatório final. Belém, 2000.

SUFRAMA (Superintendência da Zona Franca de Manaus). Decreto n. 783, de 25 de março de 1993. Manaus, 1993.

_____. *Perfil das empresas com projetos aprovados pela Suframa*. Manaus: Suframa, 2002.

_____. *Critérios para aplicação de recursos financeiros da Suframa nos estados e municípios da Amazônia Ocidental*. Manaus, 1997a.

_____. *Planejamento estratégico*. Manaus, 1997b.

_____.*Plano anual de trabalho — PAT*. Manaus, 1997c.

_____. *Plano anual de trabalho — PAT*. Manaus, 1998.

_____. *Plano anual de trabalho — PAT*. Manaus, 1999.

_____. *Plano anual de trabalho — PAT*. Manaus, 2000.

_____. *Plano anual de trabalho — PAT*. Manaus, 2001.

_____. *Plano anual de trabalho — PAT*. Manaus, 2002.

_____. Portaria Interministerial n. 33, de 24 de maio de 2000. Manaus, 2000.

_____. Resolução n. 70, de 30 de janeiro de 2001. Manaus, 2001.

SUMÁRIO DO SEMINÁRIO DA BIODIVERSIDADE. Realizado em 25 jul. 1997, Manaus.

SUPER INTERESSANTE. São Paulo: Abril, 2001.

SUZIGAN, W. Aglomerações industriais: avaliação e sugestões de políticas. In: *Futuro de indústria*: oportunidades e desafios, a reflexão da universidade. Brasília: MDIC, Instituto Euvaldo Lodi, 2001. p. 49-67.

TENDLER, J. What ever happened to poverty alleviation? *World Development*, v. 17, n. 7, p. 1033-1044, 1989.

_____. *Good government in the tropics*. Baltimore: Johns Hopkins University, 1997.

_____. Small firms, the informal sector, and the devil's deal. *IDS Bulletin*, v. 33, n. 3, July 2002.

_____; AMORIM, M. A. Small firms and their helpers: lessons and demand. *World Development*, v. 24, n. 3, p. 407-426, 1996.

UNIDO (United Nations Industrial Development Organization). *Development of clusters and networks of SMEs*. Vienna: The Unido Programme, 2001.

VEIGA, José Eli da. A face territorial do desenvolvimento. In: ENCONTRO NACIONAL DA ANPEC. 27., Belém, 1999. *Anais...* Belém.

_____. Importa o dinamismo da empresa, não seu tamanho. *O Estado de S. Paulo*, 9 set. 2000.

VERGARA, Sylvia. *Projetos e relatórios de dissertação em administração*. 2. ed. Rio de Janeiro: Atlas, 1998.

ZONA FRANCA DE MANAUS; AMAZÔNIA OCIDENTAL. *Perspectivas e oportunidades de negócios e investimentos*.

6

Atuação ambiental em distritos industriais: o caso do Distrito Industrial Fazenda Botafogo (RJ)

José Jorge A. Abdalla
Susana A. Q. Feichas

Historicamente, a estruturação de distritos industriais em áreas geográficas delimitadas nas cidades é resultante de uma tendência da política econômica em voga em meados do século passado no mundo, e também no Brasil, que visava à localização das indústrias em locais afastados dos centros urbanos. Embora possa ser vislumbrada nessa política uma primeira preocupação com a melhoria ambiental das cidades, essa preocupação foi, basicamente, no sentido de afastar da população urbana os elementos geradores de impactos ambientais, não tendo como foco a adoção de medidas para diminuir a geração da poluição. Com o passar do tempo, o fator ambiental passou a ser uma inquietação importante na gestão das empresas localizadas em distritos industriais. Entretanto, ainda coexistem em distritos industriais empresas que atuam em gestão ambiental e outras que não.

Neste capítulo, baseado em pesquisa efetuada no Distrito Industrial Fazenda Botafogo (DIFB), no município do Rio de Janeiro, procurou-se levantar fatores que fazem com que essa situação ocorra e especula-se sobre maneiras que poderiam levar as empresas a atuarem conjuntamente na área ambiental. Serviu como estímulo para este estudo a experiência ocorrida em distritos industriais suecos, compostos por empresas de pequeno e médio portes com atuação em diferentes setores que se uniram para a obtenção conjunta do certificado ISO 14001. Essa ação ficou conhecida como modelo Hackefors. Ao serem identificados atores importantes para a agregação das empresas em torno de objetivos comuns dentro do arranjo estudado, como a Associação das Empresas do Distrito Industrial Fazenda Botafogo (Asdin) e o Ecopolo, um programa criado para auxiliar a gestão ambiental local, procurou-se identificar e sugerir papéis de apoio à realização de ações ambientais conjuntas para os mesmos.

O Distrito Industrial Fazenda Botafogo

No Rio de Janeiro, no final da década de 1960, o governo do estado optou, como estratégia de desenvolvimento, pela implantação de distritos industriais, baseando-se em experiência de sucesso em outros estados brasileiros e no exterior. Para isso, autorizou a criação, em 26 de março de 1969, da Companhia de Distritos Industriais (Codin), com o objetivo de elaborar os estudos de localização dessas áreas industriais – os chamados distritos industriais (DIs), além de promover a sua implantação, administração e comercialização. Foram criados distritos industriais nos municípios de Campos, Macaé, Duque de Caxias e Rio de Janeiro, sendo que no último foram instalados seis: Campo Grande, Santa Cruz, Palmares, Paciência, Queimados e Fazenda Botafogo. Entre os distritos instalados no município do Rio de Janeiro, o Fazenda Botafogo foi visto com particular interesse por se situar em uma região habitada por moradores de classe média baixa, que poderiam ser recrutados como mão de obra pelas indústrias que lá se instalassem, promovendo uma integração habitação/indústria, importante para o desenvolvimento socioeconômico da região.

No distrito foi criada, em 1978, a Associação das Indústrias do Distrito Industrial da Fazenda Botafogo (Asdin), tendo como finalidade fazer a interface das empresas com as autoridades competentes, municipais e estaduais, e com a comunidade local, atendendo às necessidades das empresas associadas, coletivamente ou caso a caso. Cabe ressaltar que podem associar-se à Asdin, além de empresas localizadas dentro da área geográfica delimitada para o distrito, empresas localizadas no seu entorno, o que, na prática, faz com que esse arranjo extrapole a área geográfica rígida do distrito. Em 2004, das 33 indústrias instaladas no DIFB, 24 estavam associadas à Asdin. Essas empresas pertencem a diferentes setores industriais e seu número de empregados varia de 33 a 355, caracterizando-as como de pequeno e médio portes.

A atuação da Asdin se destaca pelo apoio que a entidade presta aos seus associados nas áreas jurídica, fiscal e de recursos humanos, através de dois grupos de trabalho específicos: grupo jurídico fiscal e grupo de RH.[1] Esses grupos se reúnem uma vez por mês, separadamente, para discutir pontos polêmicos da legislação, referentes a cada matéria, procurando cada um adotar uma postura o mais próxima possível da do outro, o que tem facilitado os entendimentos com os órgãos governamentais. A integração da área de recursos humanos das empresas associadas possibilitou, por exemplo, a criação do Serviço de Engenharia, Segurança e Medicina do Trabalho Coletivo (SESMTC) que, por meio de convênio com o Ministério do Trabalho, trata de forma coletiva das questões relativas a essa área. Por conta dessa iniciativa foi contratado um único prestador de serviço, com ganhos para as empresas que ratearam os custos fixos.

Em junho de 2002, foi criado no estado do Rio de Janeiro o Programa Rio Ecopolo, liderado pela Fundação Estadual de Engenharia e Meio Ambiente (Feema), com a intenção de promover o desenvolvimento industrial sustentável do estado e a revitalização dos distritos industriais, acenando com a possibilidade de oferecer incentivos fiscais às empresas que investissem em produção mais limpa, reciclagem, transformação de resíduos em matérias-primas e reúso de água.

O programa foi estruturado em cinco fases principais:

▶ assinatura de termo de compromisso entre Feema e empresas integrantes do Ecopolo;

---

[1] Disponível em: <www.asdin.com.br/html/grupo_rh.asp?eco=1>. Acesso em: 24 set. 2004.

- emissão de um certificado de criação do Ecopolo pela Feema;
- elaboração de um plano de gestão pelas empresas integrantes do Ecopolo;
- implantação das ações propostas no plano;
- priorização por parte da Feema ao licenciamento das empresas integrantes do Ecopolo.

Um dos primeiros distritos industriais a aderir ao programa foi o da Fazenda Botafogo. Além de discutir questões relativas ao cumprimento da legislação ambiental, as 13 empresas que imediatamente aderiram ao programa criaram dois grupos de trabalho: a subcomissão de resíduos e a subcomissão responsável pela formulação do Plano de Ação Integrada (PAI) para atender emergências. Formalmente, apenas as duas primeiras fases previstas no programa foram cumpridas. Entretanto, reuniões das empresas continuaram sendo realizadas possibilitando discutir e entender a legislação, elaborar ações conjuntas como disseminação de informação, treinamento da brigada de incêndio, programação de palestras na Semana do Meio Ambiente, utilização de resíduos de uma empresa como matéria-prima de outra e implantação de coleta seletiva, além de discutir a elaboração de um plano de gestão ambiental conjunto. O grupo criou um fundo cujos recursos financiam algumas de suas atividades de capacitação.

Modelo Hackefors

Hackefors é um distrito industrial na Suécia, localizado na cidade de Linköping. Reúne cerca de 90 pequenas e médias empresas distribuídas em setores diversos, empregando aproximadamente 1.500 pessoas. Cerca de metade dessas empresas tem menos de oito empregados e a maior delas emprega 70 pessoas. Das empresas existentes nesse distrito, 26, por meio de uma rede, implementaram um sistema de gestão ambiental conjunto, com a finalidade de conseguir o certificado ISO 14001. Essas empresas atuam nos mais diversos segmentos, como o de reciclagem de resíduos, transporte, construção, fabricação, comércio e indústrias gráficas, entre outros.

A rede de empresas surgiu em 1995, para impedir o fechamento do posto dos correios de Hackefors. Depois disso, continuou a atuar em diversas áreas, como informação, postagem e, mais tarde, meio ambiente. De forma sistemática, o trabalho ambiental começou em 1996, quando foi feito um inventário de resíduos gerados em todas as 90 companhias. No ano seguinte, foi criada uma unidade central para coleta, separação e utilização desses resíduos. Essa colaboração ampliou a consciência ambiental e, a partir daí, algumas empresas decidiram estabelecer um perfil ambiental para o distrito. Ainda em 1997, foram iniciados contatos e discussões com organizações ambientais para implementar um sistema de gestão ambiental. Como resultado, 26 companhias formaram o Grupo Ambiental Hackefors e começaram a desenvolver um sistema de gestão ambiental (SGA) conjunto. Em 1999, todas as empresas do grupo, individualmente, já haviam recebido a certificação ISO 14001. O modelo utilizado inicialmente em Hackefors, e que lhe deu o nome, é empregado hoje em 24 distritos industriais da Suécia, envolvendo 450 companhias (Ammenberg e Hjelm, 2002 apud Hallinan e Jenks, 2004).

Cada uma das companhias que participam do grupo ambiental no modelo Hackefors possui um coordenador ambiental. Juntos, formam o grupo do sistema de gestão ambiental. A partir desse grupo é constituído um comitê de direção, composto por sete coordenadores escolhidos por seus pares. O comitê, por sua vez, escolhe um coordenador central que supervisiona os trabalhos do grupo do SGA. O coordenador central e o comitê de direção são ajudados na execução de suas tarefas por um grupo de apoio formado por empregados das companhias participantes.

O sistema conjunto é organizado de maneira semelhante ao de uma grande empresa. Nele, o comitê de direção, o grupo de apoio e o coordenador central, juntos, podem ser comparados ao *staff* ambiental da grande empresa. Por sua vez, o grupo do sistema de gestão ambiental, constituído dos coordenadores ambientais, exerce as funções operacionais para implantação do sistema. No modelo em questão, o coordenador central pode vir de uma companhia pertencente ou não ao grupo ambiental. No caso do Hackefors original, o coordenador central era de uma companhia de consultoria do grupo ambiental daquele distrito. O pessoal dessa consultoria assessorava o coordenador, o comitê de direção e também os coordenadores ambientais, com relatórios, documentação e treinamento.

Na implantação do SGA conjunto, tendo como referência os requisitos da norma ISO 14001, a política, a definição de objetivos ambientais, os documentos e as rotinas comuns foram tratados de forma coletiva; estabelecendo, portanto, uma política única para as empresas do grupo ambiental. Os outros requisitos da norma tiveram caráter individual, isto é, por empresa, como identificação de aspectos e impactos, requisitos legais, programa de gestão ambiental, estrutura e responsabilidade, comunicação, controles, monitoramento, registros e auditorias.

Ao recorrerem ao modelo Hackefors para investigar a colaboração de pequenas e médias empresas através de redes como uma possível maneira de ampliar as atividades ambientais, Hallinam e Jenks (2004) identificaram quatro diferentes e relevantes fatores que pressionaram essas empresas a procurarem ter a certificação ISO 14001: a pressão dos clientes, as leis e regulações, os competidores que já possuem essa certificação e os fornecedores.

Para as empresas, a maior vantagem do processo de certificação em grupo foi, sem dúvida, a redução dos custos de certificação, que saiu pela metade do que seria pago pela certificação individual, devendo ser ressaltado ainda que cada uma recebeu seu certificado próprio. Além disso, foram observadas melhorias nas questões administrativas e na educação relacionada à certificação. Depois de obtida a certificação, as empresas passaram a colaborar também em outras áreas, principalmente na divisão dos gastos com marketing e propaganda, troca de produtos e serviços e treinamento de pessoal.

Metodologia

Esta pesquisa para a identificação das ações ambientais praticadas pelas empresas do Distrito Industrial Fazenda Botafogo iniciou-se em 2004, pela consulta da literatura sobre gestão ambiental e desenvolvimento sustentável e de documentos sobre a criação e evolução do distrito, tendo-se realizado em seguida entrevistas com representantes de 20 empresas associadas à Asdin, com dirigentes da Codin e com especialistas no conjunto de normas ISO 14000. A segunda fase da pesquisa foi realizada em 2006, iniciando-se com a identificação das nove empresas que àquela época faziam parte do Ecopolo local. Os primeiros contatos foram feitos em uma das reuniões mensais daquelas empresas ocorrida na Asdin. Posteriormente foram feitas visitas a três empresas para a aplicação de entrevistas e questionários teste junto aos responsáveis pelas áreas de gestão ambiental. Para as demais seis empresas participantes do Ecopolo foram feitas entrevistas por telefone e recebidas as respostas ao questionário por e-mail.

O questionário aplicado foi composto de cinco blocos de perguntas fechadas e um de perguntas abertas. Os quatro primeiros blocos foram voltados para: identificação da empresa e do entrevistado; caracterização da empresa quanto ao seu porte e atividade, estrutura organizacional da área ambiental e associação à Asdin, ao Ecopolo e a outras entidades de classe externas ao distrito. O quinto bloco, mapeamento na área de meio ambiente, foi composto de seis perguntas, iniciando-se com o pedido para que os representantes das empresas pesquisadas escolhessem, de três definições apresentadas, a que melhor representasse a situação ambiental atual da sua empresa. A pergunta seguinte listava diversas ações ambientais para identificar quais as adotadas pela empresa e sua forma de adoção (conjunta ou isoladamente). Nas demais perguntas do quinto bloco procurou-se identificar a percepção dos responsáveis pela área ambiental sobre diversos fatores impactantes para a gestão. Para a avaliação das respostas, foi utilizada uma escala de diferencial semântico de cinco pontos, variando de muito baixa a muito alta. É importante salientar que os resultados apresentados refletem a percepção dos gerentes sobre determinando tópico. O sexto bloco constituiu-se de perguntas abertas sobre o Ecopolo.

Perfil ambiental das empresas do DIFB

A identificação das ações ambientais das empresas do Distrito Industrial Fazenda Botafogo foi feita a partir do estudo de 20 das 24 empresas associadas à Asdin, em 2004, com o objetivo de verificar quantas delas possuíam sistemas de gestão ambiental (SGAs), entendidos como o conjunto de atividades administrativas e operacionais inter-relacionadas que abordam ou evitam os problemas ambientais atuais (Barbieri, 2004), não implicando necessariamente certificação ISO 14001.

Dessas empresas, nove são consideradas de pequeno porte (20 a 99 pessoas ocupadas) e 11 de médio porte (de 100 a 499 empregados), totalizando aproximadamente 2.900 empregados, dos quais 465 trabalhando em empresas de pequeno porte e 2.435 nas de médio porte. Essas empresas atuam em diversos ramos da indústria, como os setores químico, metalúrgico, alimentício, de vidro, de máquinas e equipamentos, de plásticos e de material de limpeza.

Das 15 empresas nas quais foi possível aferir informações, duas delas, de médio porte, haviam implantado sistema de gestão ambiental e obtido a certificação ISO 14001 e sete estavam implantando algum sistema do gênero, sendo que destas apenas duas de pequeno porte. Em seis empresas não havia qualquer sistema de gestão ambiental.

Segundo Harrington e Knight (2001), as normas de certificação ambiental da série ISO 14000 têm sido adotadas por várias empresas, com maior aceitação nos países da União Europeia. No Brasil, até dezembro de 2004 eram contabilizadas 1.500 empresas certificadas pela ISO 14001 (*Revista Meio Ambiente Industrial*, 2004). Em vista do reconhecimento mundial dessa certificação ambiental de caráter voluntário procurou-se identificar o interesse das empresas do DIFB pela mesma, tendo-se constatado que a certificação ambiental ISO 14001 não é meta para a maioria das empresas pesquisadas, pelo menos em futuro próximo, sob a alegação de que a sua obtenção representa um custo alto e interessa apenas às empresas que exportam seus produtos para países europeus, como é o caso das duas empresas certificadas da Asdin. Por outro lado, como o distrito é composto por empresas de diferentes especialidades, muitas delas seguem padrões ambientais estabelecidos por suas entidades de classe, como o Programa Atuação Responsável, desenvolvido pela Associação Brasileira da Indústria Química (Abiquim), voltado para o aperfeiçoamento da gestão das empresas químicas brasileiras e de sua cadeia de valor de forma a assegurar a sua sustentabilidade.

A segunda fase da pesquisa concentrou-se em informações levantadas junto às nove empresas associadas ao Ecopolo em 2006. Tomando-se como parâmetro o número de empregados para identificar o porte das empresas pesquisadas, três delas eram consideradas de pequeno porte (entre 20 e 99 empregados) e seis de médio porte (entre 100 e 499 empregados). Desmembrando-se a faixa de 100 a 499, ampla para o universo pesquisado, verifica-se que duas empresas têm entre 101 e 200 empregados, duas entre 201 e 300, uma entre 301 e 400 e uma entre 401 e 499.

As variáveis número de empregados e faturamento anual não apresentam, neste caso, uma relação direta, o que pode ser atribuído aos diferentes ramos de atividades e de tecnologias utilizadas, sendo a empresa com o maior número de empregados a que apresenta o quarto maior faturamento. Com relação à atividade econômica desenvolvida por essas empresas, cinco estão concentradas na indústria química, uma atua na comercialização de produtos químicos, uma na comercialização de equipamentos, uma na de reciclagem e uma na área metal mecânica. Comparando-se a variável "atividade econômica" com a existência de uma estrutura organizacional formal para gestão do meio ambiente, constata-se que apenas as empresas ligadas à indústria química, além da empresa de reciclagem, contam com essa área estruturada. No caso das indústrias químicas provavelmente por iniciativa dos seus órgãos de classe, visto tratar-se de produtos altamente poluentes e sujeitos a fiscalização mais rigorosa dos órgãos ambientais. Ressalte-se que todas as empresas possuem pelo menos um empregado que responde pelas questões ambientais, mesmo que a área não exista formalmente.

As pessoas responsáveis pelas questões ambientais da empresa ocupam cargo cuja denominação as identifica com a área de meio ambiente (6), com a área de qualidade (2) e com a área de administração (1). Verifica-se que todas as empresas participantes do Ecopolo são também associadas à Asdin, sendo que, geograficamente, seis encontram-se dentro do Distrito Industrial Fazenda Botafogo e três nos seus arredores. Oito das nove empresas pesquisadas estão associadas a instituições de classe relacionadas à indústria ou à sua atividade econômica.

Buscando-se identificar a autopercepção das empresas sobre suas características de gestão ambiental, foram apresentadas às empresas pesquisadas três descrições (quadro 1) para sua classificação pelos respectivos responsáveis pela área de meio ambiente.

Quadro 1
Atuação na área ambiental – autopercepção

Abordagem	
1	Caracteriza-se pelo estabelecimento de práticas para impedir os efeitos decorrentes da poluição gerada por um dado processo produtivo. Esse controle é realizado por meio de ações pontuais e pouco articuladas entre si.
2	Caracteriza-se por uma atuação sobre os produtos e processos produtivos para prevenir a geração de poluição, empreendendo ações com vistas a uma produção mais eficiente e, portanto, poupadora de materiais e energia em diferentes fases do processo de industrialização e comercialização.
3	Caracteriza-se por tratar os problemas ambientais como uma das questões estratégicas da empresa, aproveitando oportunidades mercadológicas e neutralizando ameaças decorrentes de questões ambientais existentes ou que poderão ocorrer no futuro.

Fonte: Adaptado de Barbieri (2004).

A primeira abordagem, que indica uma atitude reativa das empresas às questões ambientais, diante de exigências legais, de pressão vinda do órgão ambiental ou de um acidente, foi apontada por duas das empresas pesquisadas. Uma das empresas, todavia, tem seu foco na qualidade e outra, de pequeno porte, centra sua atuação ambiental no tratamento de efluentes. A segunda abordagem, que indica uma atitude ambiental mais consciente por parte das empresas, que atuam proativa e reativamente, apresentando uma estrutura organizacional voltada para a área ambiental, teve três empresas pesquisadas identificando-se com ela. Essas empresas apresentam área ambiental formalmente estruturada e possuem programas de P+L (programas de produção mais limpa), certificação ISO 14001 e realizam auditorias internas e externas. A terceira abordagem indica uma atitude ambiental mais proativa, voltada para o longo prazo e para a comunidade, bem como de caráter estratégico. Das empresas consideradas, três se identificaram com a terceira abordagem, tratando-se de empresas da indústria química que sofreram pressão dos órgãos ambientais, da associação de classe do setor e, num dos casos, da matriz do exterior. São empresas que implantaram um sistema de gestão ambiental e passam por auditorias ambientais internas e externas periódicas. A última das empresas considerou que não poderia enquadrar-se em nenhuma das abordagens, pois seu tipo de atividade econômica é voltado para a comercialização de produtos. No entanto, para a obtenção de licença ambiental de operação para suas atividades teve que tomar medidas para o tratamento de seus efluentes.

Ao se procurar identificar as ações ambientais implantadas nos últimos cinco anos pelas empresas pesquisadas (quadro 2), verifica-se que as principais foram: implantação de programa de prevenção de acidentes (9); obtenção de licenciamento ambiental (8); implantação de coleta seletiva (8); e implantação de programa de educação ambiental para funcionários (8). Entre essas ações, entretanto, apenas três foram executadas de maneira conjunta por duas ou três empresas (obtenção de licenciamento ambiental, implantação de programa de prevenção de acidentes e programa de educação ambiental). As demais ações foram executadas isoladamente pelas empresas ou em parceria com apenas mais uma empresa.

Quadro 2

Ações ambientais implantadas nos últimos cinco anos

Ações ambientais	Adotada	Forma de atuação		
		Isolada	Conjunta	Em branco
Obtenção de licenciamento ambiental	8	5	3	
Elaboração de plano de risco ambiental	5	5		
Implantação de programa de prevenção de acidentes	9	6	2	1
Troca de equipamento para reduzir o nível de poluição	6	6		
Implantação de coleta seletiva	8	8		
Obtenção de certificado de qualidade	5	5		
Obtenção de certificado ISO 14001	2	1	1	
Implantação de um sistema de gestão ambiental	5	4	1	
Realização de auditoria ambiental interna	5	4	1	
Realização de auditoria ambiental externa	4	3	1	
Implantação de programa de educação ambiental para os funcionários	8	5	3	
Plano de otimização do uso de energia elétrica	4	4		
Plano de redução do consumo de água	5	5		

Além das ações listadas no questionário, foram indicadas pelas empresas as seguintes ações ambientais implantadas isoladamente: P+L, 5S, coleta e destinação de óleo de máquina.

A partir de uma relação composta por oito *stakeholders*, a Feema foi apontada como a entidade que mais pressiona as empresas para a adoção de ações de melhoria ambiental, seguida da prefeitura e das seguradoras. As demais entidades relacionadas: bancos, sindicatos patronais, ONGs, clientes nacionais e internacionais, foram menos citadas, sendo que a pressão maior exercida por clientes nacionais do que internacionais pode ser atribuída ao fato de que apenas quatro das empresas são exportadoras. Além das respostas fechadas, duas das empresas mencionaram a alta influência do Ibama e a muito alta influência de sua matriz.

Por sua vez, os principais fatores apontados como os que mais dificultam a atuação ambiental foram o custo elevado dos equipamentos, seguidos da falta de financiamento e mudanças constantes de regulamentação. Os demais pontos apresentados no questionário – falta de informações técnicas e custo de mão de obra –, segundo a pesquisa, foram considerados menos dificultadores para a atuação ambiental. Além dos fatores listados, uma das empresas citou a resistência a mudanças por parte dos empregados como um dos pontos que mais dificultam sua atuação ambiental.

Conforme o esperado, a Asdin e o Ecopolo foram considerados as entidades que maior influência exercem para estimular a atuação da empresa na área ambiental no distrito. No entanto, o grau de contribuição dessas entidades é percebido de formas diferentes pelos representantes das empresas. Para alguns poderia ser maior, para outros é alta. Foram citadas ainda a Feema, a Firjan, o Sesi e entidades patronais de classe na relação de entidades que estimulam a atuação ambiental das empresas.

Para as empresas participantes do programa, os principais benefícios advindos de participar do Ecopolo são: maior conhecimento sobre legislação ambiental, maior poder de negociação junto ao poder público, encontro de soluções conjuntas para os problemas ambientais, rapidez na solução de problemas ambientais e compartilhamento de conhecimentos técnicos, não aparecendo os custos de participação e de operação como relevantes. Com relação ao custo de participação, entendido como o tempo dedicado pelos representantes do Ecopolo às reuniões e atividades, cabe comentar que não foi considerado alto diante das vantagens percebidas.

As respostas abertas possibilitaram identificar um consenso com relação a algumas ações conjuntas tomadas pelo Ecopolo, como o Plano de

Ação Integrada para Emergências (PAI) e a Semana do Meio Ambiente, que possui uma programação de palestras, onde o responsável da área ambiental de uma empresa ministra palestra em outra, num sistema de rodízio. Outra ação comentada com orgulho foi a contratação de uma empresa para o treinamento de auditores líderes ambientais. O treinamento da brigada de incêndio é outra ação que foi realizada de forma conjunta pelas empresas participantes do Ecopolo.

Com relação ao licenciamento ambiental as percepções são dispersas. Alguns se sentem bem orientados pelo órgão ambiental, outros creem que o Ecopolo deveria exercer uma pressão maior para agilizar os prazos de obtenção do licenciamento, conforme havia sido acordado quando da assinatura do protocolo de intenções. Ainda em planejamento se encontram programas de coleta seletiva e reciclagem junto à comunidade, começando pelas escolas. A falta de resultados ambientais em médio prazo e a perda de eficácia do programa são fatores que podem fazer com que as empresas deixem de se interessar pela manutenção do Ecopolo.

Entre os fatores externos que influenciam o comportamento ambiental das empresas do distrito, deve ser destacado o papel conscientizador assumido por diferentes associações de classe e setoriais, bem como a divulgação de boas práticas e de números relativos à taxa de retorno financeiro de investimentos realizados em programas na área ambiental e social. Nesses casos, as informações e práticas provenientes da relação direta das empresas com suas matrizes e órgãos de classe são repartidas com as demais empresas do distrito através das reuniões promovidas pela Asdin e pelo Ecopolo.

Instalado em área residencial de moradores de classe média baixa, o distrito teve, com o passar do tempo, sua densidade populacional aumentada, sem que isso se revertesse em geração de empregos como previsto inicialmente, visto que a qualificação profissional dos residentes não atende aos requisitos das empresas ali situadas, frustrando a intenção inicial de aproveitamento da mão de obra local.

O papel do Ecopolo para estímulo à atuação ambiental das empresas aos poucos vem sendo reconhecido, sendo prova disso o fato de que as empresas do DIFB deram continuidade ao mesmo a despeito da saída do poder público, embora continuem reivindicando ao órgão ambiental estadual o cumprimento dos compromissos acordados no protocolo. As empresas apontam como os principais benefícios de pertencerem ao Ecopolo a atualização da legislação ambiental, a ajuda mútua para compreensão dos problemas ambientais, a troca de conhecimento e experiência entre os profissionais que têm tempo de atuação diferente na área. O grupo também exerce certa pressão sobre o órgão ambiental para acelerar a concessão de licenças, conforme previsto quando da assinatura do protocolo.

Há consenso de que o maior desafio do Ecopolo a ser enfrentado num horizonte de cinco anos é auferir resultados visíveis para as empresas participantes. Outros desafios são o de aumentar o número de adesões e lograr financiamento para as ações planejadas. Especificamente foram apontados como desafios a criação de um sistema de gestão ambiental integrado de todas as empresas do distrito, a discussão das questões ambientais com a comunidade e a obtenção de maior participação do órgão ambiental na resolução de dificuldades das empresas em sua adequação às normas e legislação.

Considerações finais

A evolução do Distrito Industrial Fazenda Botafogo (DIFB), a exemplo dos distritos industriais criados a partir de planejamento governamental, permite que algumas etapas de desenvolvimento por que passam outros tipos de arranjos, surgidos de maneira mais espontânea ou desorganizada, sejam ultrapassadas mais rapidamente ou simplesmente não existam, como, por exemplo, a passagem da informalidade para a criação formal de grande parte de suas empresas. No DIFB todas as empresas começaram a atuar formalmente desde a sua instalação.

Análises sobre *clusters* ou arranjos produtivos locais (APLs) revelam que o sucesso econômico associado a arranjos de pequenas empresas tem sido atribuído à "eficiência coletiva" (Schmitz, 1995, 1997), um conceito suficientemente amplo para abarcar desde ganhos obtidos com o processo de aglomeração até benefícios conseguidos com a colaboração de agentes econômicos. As empresas situadas dentro do contorno geográfico do

DIFB, desde a sua instalação, procuram alcançar eficiências coletivas ao dividirem gastos de segurança e infraestrutura comum.

Para a obtenção de eficiências em outras áreas tem sido fundamental a existência de atores internos, como a Asdin e o Ecopolo, que fazem a interface entre as empresas do distrito e entre elas e atores externos importantes tanto para estímulo quanto para o controle e fiscalização de atividades, como Sebrae, Feema e Codin, entre outros. Uma das medidas de caráter coletivo, como citado anteriormente, foi a criação do serviço de medicina do trabalho no âmbito da Asdin.

Na perspectiva de que a concentração setorial e geográfica de empresas é pressuposto básico para a constituição de *clusters*, o Distrito Industrial Fazenda Botafogo constitui um arranjo produtivo peculiar na medida em que há empresas fora da área geográfica do mesmo e pertencentes a setores industriais diversos que também participam de ações formais conjuntas, bem como outras ali instaladas que atuam isoladamente sem participar das associações existentes.

As empresas atuam em setores e níveis de abrangência de mercado bem diferenciados, o que parece explicar o empenho de algumas em implantar sistemas de gestão ambiental e outras que não percebem os ganhos de eficiência e imagem que podem advir dessas ações. No próprio Ecopolo as empresas percebem sua atuação ambiental de forma diferenciada.

Ainda não existem grandes ações ambientais conjuntas que possam ser destacadas pelas empresas do DIFB. Aparentemente, ao contrário do que aconteceu no caso sueco, não existe pressão suficientemente forte por parte dos *stakeholders* para que ocorra a implantação conjunta de um SGA–ISO 14001 em curto prazo. O fato de sete empresas participantes do Ecopolo estarem implantando ou já terem implantado sistemas de gestão ambiental, parece ter servido como fator de motivação para o Ecopolo contratar empresa de treinamento de auditores líderes ambientais, para capacitar os membros do grupo, com intuito de, em dupla, realizarem auditorias internas em suas empresas. Considerando que dois terços das companhias suecas não cogitavam implementar um sistema de gestão ambiental antes do modelo Hackefors, é razoável supor que esse é um fator de motivação para as pequenas e médias empresas em relação ao tema.

O Ecopolo é um núcleo formal promissor em função de sua continuidade, o que permitiu criar um clima de confiança entre os membros, essencial para o estabelecimento de relações de parceria entre as empresas participantes. Como fatores que estão propiciando a continuidade do Ecopolo identificamos:

- o fato de as empresas-membro já terem uma experiência anterior de participação conjunta na Asdin;
- o grupo ter sido criado com a sinalização de que as empresas integrantes do Ecopolo teriam prioridade quando da análise do licenciamento;
- a constatação por parte dos membros do Ecopolo de que juntos podem se manter atualizados com relação à legislação ambiental, e que a exposição dos problemas que encontram em suas empresas relativos à área ambiental propicia a troca de experiências, ampliando o leque de alternativas de solução;
- a pressão que algumas empresas-membro têm sofrido por parte da matriz, de clientes externos, associação de classe do setor produtivo e do próprio órgão ambiental tem impulsionado a continuidade do grupo.

Sem dúvida, a percepção e efetivação de ganhos fazem com que as empresas tendam a atuar em conjunto. No caso do Ecopolo, até o momento a troca de informações e experiência tem sido o ponto mais relevante de ganhos. Ações conjuntas, conforme apontado anteriormente, já foram implementadas, induzindo outras que estão em gestação. No entanto, há uma preocupação em valorar os ganhos, de modo a dar maior visibilidade das ações do grupo às empresas que representam e às demais do distrito, garantindo assim sua continuidade e conquistando novas adesões. A Asdin tem um papel importante para o funcionamento do Ecopolo e demais grupos constituintes de sua estrutura pois propicia o local físico e suporte administrativo — convocação, registro de ata — para realização das reuniões.

Apesar de as estruturas de funcionamento dos dois distritos (Hackefors e Fazenda Botafogo) serem semelhantes, não se percebem objetivos comuns como a busca de certificação ambiental pelas empresas componentes dos mesmos. Mas ambos os grupos iniciaram suas atividades com a preocupação de gerenciar resíduos sólidos.

Os resultados da pesquisa realizada, em virtude do método aplicado, não devem ser automaticamente extrapolados para o universo das firmas localizadas em distritos industriais ou mesmo ao Distrito Industrial Fazenda Botafogo (DIFB). Entretanto, o fato de terem sido ouvidas todas as empresas que participam do programa Ecopolo certamente é um fator representativo do pensamento de uma parcela significativa desse distrito.

Referências bibliográficas

ABDALLA, José Jorge; FEICHAS, Susana Arcângela. Modelo Hackefors para obtenção de certificado ambiental ISO 14001 em pequenas e médias empresas – uma discussão sobre sua aplicação em empresas brasileiras. *Cadernos Ebape*, n. 3, 2005.

BARBIERI, José Carlos. *Gestão ambiental empresarial*: conceitos, modelos e instrumentos. São Paulo: Saraiva, 2004.

CASSIOLATO, José Eduardo; SZAPIRO, Marina. Uma caracterização de arranjos produtivos locais de micro e pequenas empresas. In: LASTRES, Helena M. M.; CASSIOLATO, José E.; MACIEL, Maria Lúcia (Orgs.). *Pequena empresa*: cooperação e desenvolvimento local. Rio de Janeiro: Relume-Dumará, 2003.

HALLINAN, P.; JENKS, R. *The battle against enviromment performance* – the Hackefors model in Sweden. Thesis (International Business Programme) – Linköpings Universiteit, 2004.

HARRINGTON, H. J.; KNIGHT, A. *A implementação da ISO 14001*: como atualizar o sistema de gestão ambiental com eficácia. São Paulo: Atlas, 2001.

MARKUSEN, Ann. Sticky places in slippery space: a typology of industrial districts. *Economic Geography*, n. 72, p. 293-313, 1996.

MUSYCK, B. Industrial districts in Europe: police lessons for developing countries? *World Development*, v. 22, n. 6, p. 889-910, 1994.

OLIVEIRA, A. C. M. *Distritos industriais*: a experiência brasileira. Rio de Janeiro: CNI, 1976.

RABELLOTTI, R.; SCHMITZ, H. The internal heterogeneity of industrial districts in Italy, Brazil and Mexico. *Regional Studies*, n. 33, p. 97-108, 1999.

REDESIST. *Glossário de arranjos e sistemas produtivos e inovativos locais.* Disponível em: <www.ie.ufrj/redesist>. Acesso em: 2003.

REVISTA MEIO AMBIENTE INDUSTRIAL. São Paulo. Edição especial de maio/jun. 2004.

SCHMITZ, H. Collective efficiency: growth path for small scale industry. *Journal of Development Studies*, v. 31, n. 4, p. 529-566, 1995.

_____. *Collective efficiency and increasing returns*. Brighton: Institute of Development Studies, 1997. (IDS Working Paper, 50).

_____; NADVI, K. Clustering and industrialization: introduction. *World Development*, v. 27, n. 9, p. 1503-1514, 1999.

7

Lições e conclusões: movendo os APLs na direção da sustentabilidade

José Antonio Puppim de Oliveira

Há uma crescente literatura sobre pequenas e médias empresas (PMEs) e seus arranjos produtivos locais (APLs ou *clusters*). Porém, boa parte dessa literatura está centrada nos aspectos econômicos internos dos *clusters* (quanto produzem, quanto vendem, quantos empregos geram etc.). Pouco é explicado como os benefícios econômicos dos *clusters* são transferidos em termos de desenvolvimento local, e qual o papel de agentes econômicos e não econômicos na governança e melhoramento socioambiental do *cluster*.

Não há muitos estudos sobre como se melhoram os padrões tributário, ambiental, laboral e saúde e segurança (S&S) dos *clusters*. Nos países mais desenvolvidos, eles são assumidos como resolvidos pelo bom sistema de regulação e cumprimento da lei, mas nos países em desenvolvimento o cumprimento da lei nem sempre está garantido. Entretanto, a qualidade tributária, ambiental, laboral e de saúde e segurança (S&S) dos *clusters* é um ponto crucial para transferir os benefícios advindos do desenvolvimento dos *clusters* para o desenvolvimento local sustentável. A informalidade é boa como política social em curto prazo para manter trabalho e renda, mas muitas vezes com atividades econômicas que produzem trabalhos precários, em péssimas condições de S&S, que não pagam impostos e geram degradação ambiental. Somente conseguiremos desenvolvimento sustentável (desenvolvimento econômico, ambiental e social em longo prazo) com empresas formais cumprindo a legislação trabalhista, ambiental e fiscal.

Entretanto, de que forma sair da grande informalidade e falta de cumprimento das leis de muitos *clusters* no Brasil e outros países em desenvolvimento hoje e levá-los para melhores padrões socioambientais no futuro, de forma que não causem danos aos pequenos produtores e trabalhadores? Estamos ainda buscando algumas respostas para a pergunta, e não pretendemos dar respostas definitivas. O debate sobre o custo de cumprimento com as leis e desregulamentação (baixar os padrões socioambientais pedidos pelas leis) não explica como os países desenvolvidos são os que têm maiores padrões socioambientais legais e como é possível que *clusters* em países em desenvolvimento consigam melhorar esses padrões, como alguns casos deste livro. Assim, apesar de os casos estudados neste livro não serem exemplos "perfeitos" de sustentabilidade em todos os sentidos (por exemplo, muitos melhoram a questão ambiental, mas não a trabalhista ou tributária e vice-versa), eles nos dão algumas lições que podemos tirar para avançar os debates sobre *clusters*, pequenas empresas e sustentabilidade. Abaixo discutiremos algumas dessas lições por tópicos.

Uma boa governança para melhoras socioambientais

A peça-chave para a melhoria dos padrões socioambientais em um *cluster* é a sua governança, ou seja, como interagem os diversos indivíduos e organizações dentro dele. Uma boa governança pode levar ao desenvolvimento produtivo/econômico de um *cluster* e garantir uma qualidade socioambiental das organizações que fazem parte dele e de seu entorno.

Nos capítulos deste livro não há uma só resposta sobre como criar uma boa governança. Uma boa governança pode depender da dinâmica interna do *cluster*, de seu entorno e de agentes externos à região do *cluster*. Os tipos de interações entre os diversos atores no *cluster* podem ser puramente comerciais (de mercado) ou não comerciais (como pressões políticas ou legais).

Os agentes externos ao ambiente do *cluster* são particularmente importantes para "quebrar" a inércia dos *clusters*, já que muitas vezes não há incentivos institucionais internos para catalisar mudanças nas organizações que fazem parte dos *clusters*. Os agentes externos podem estar distantes do *cluster*, mas muitos têm alguma conexão que permite interagir com agentes internos e influenciar mudanças. Por exemplo, no caso dos APLs de móveis no Sul (capítulo 4) muitas das demandas socioambientais sobre as empresas vinham de clientes estrangeiros e chegavam às empresas direta ou indiretamente pelos agentes comerciais. Isso fez com que muitas empresas buscassem melhorar seus padrões e que o *cluster* se adaptasse para apoiá-las na busca dessas melhorias.

A dinâmica interna do *cluster* pode ajudar os agentes econômicos a melhorar seus padrões socioambientais através da catalisação de inovações ou ações coletivas. Muitas vezes as mudanças são demandadas por agentes externos, e as organizações do *cluster* tentam se adaptar para responder às demandas ou possíveis oportunidades. No Distrito Industrial Fazenda Botafogo (capítulo 6), o fórum de técnicos ambientais ajudou a organizar atividades conjuntas e difundir informação entre as diversas empresas. No caso do APL de serviços turísticos em Ilha Grande (capítulo 1), a criação do Convention Bureau levou à formalização de empresas para aproveitar as oportunidades de estarem representadas em feiras e outros eventos que podem atrair clientes.

O entorno social, político e ambiental do *cluster* muitas vezes influencia a sustentabilidade dos *clusters*. Por exemplo, um sistema eficaz de fiscalização local dos padrões socioambientais garante um melhor padrão de qualidade socioambiental dos agentes econômicos. Por outro lado, a existência de matéria-prima local e conhecimentos tradicionais pode ajudar no desenvolvimento de produtos e processos mais sustentáveis que sejam valorizados local e internacionalmente. Neste livro temos os casos do mel no Piauí e do babaçu no Maranhão (capítulo 3) ou produtos tradicionais da Amazônia, como fitoterápicos ou polpa de fruta.

A governança de um *cluster* não é estática e está sempre mudando devido a diversos fatores como questões de mercado (isto é, crescimento do comércio justo) ou da dinâmica interna do *cluster* (isto é, criação de uma nova organização). Políticas públicas podem dar incentivos para mudança da governança de forma que melhorem os padrões socioambientais do *cluster*. No livro vimos vários casos onde isso acontece, por exemplo, na criação e valorização dos Convention & Visitions Bureau pelo Ministério do Turismo (capítulo 1). Assim, mapear a governança de um *cluster* pode ajudar a identificar oportunidades de intervenção que possam modificar a sua dinâmica e catalisar mudanças nos padrões socioambientais.

Sustentabilidade socioambiental é compatível com o desempenho econômico de APLs

As análises dos diversos estudos de caso neste livro ilustram que a sustentabilidade econômica dos APLs não é incompatível com a sustentabilidade social e ambiental. Os casos são diversos, mostrando que padrões e melhorias socioambientais acontecem em diferentes contextos, desde polos de empresas com produção moderna e mais sofisticadas, como no exemplo dos APLs de móveis (capítulo 4), até APLs com tecnologia local em regiões e comunidades de baixa renda, como no caso do APL do mel no Piauí (capítulo 3).

Os casos também apontam que os agentes econômicos, sejam empresas ou associações, são capazes de se adaptar às demandas socioambientais vindas de governos, clientes ou outros *stakeholders*. No caso dos APLs de móveis, as demandas dos clientes estrangeiros fizeram com que as organizações buscassem melhorias em processos e produtos para satisfazer às demandas externas, garantindo acesso a mercados extremamente exigentes em relação aos padrões socioambientais.

As qualidades e melhorias socioambientais não necessariamente pedem altos investimentos ou tecnologias sofisticadas. Muitas vezes os processos ou produtos têm qualidades socioambientais altas devido a conhecimento ou práticas locais, que muitas vezes são simples. Outras vezes, as mudanças pedidas podem ser atingidas com o conhecimento local dos próprios membros do APL. Por exemplo, isso é visto no caso dos APLs do mel no Piauí e no de produtos regionais em Manaus. Quando não são valorizadas localmente, podem ser internacionalmente (como no caso do mel).

Por outro lado, quando as melhorias socioambientais pedem investimentos mais altos, eles podem ser recompensados por um aprimoramento na produção ou acesso a mercados ou benefícios que não estavam disponíveis antes, ou que seriam perdidos se tais melhorias não existissem. No caso da Ilha Grande (capítulo 1), a formalização de trabalhadores pelas empresas de serviços turísticos permitiu que elas pudessem fazer parte do Bureau e estar presentes em feiras nacionais e internacionais, o que aumenta o seu mercado potencial.

As iniciativas de melhoria socioambiental podem ajudar a cumprir com a legislação presente ou antecipar futuras legislações, ou melhorar a performance econômica de empresas. As empresas do polo da Fazenda Botafogo no Rio (capítulo 6) mostram isso como um dos principais objetivos do fórum de profissionais da área socioambiental das empresas. Sua ação conjunta foi motivada para facilitar muitas ações socioambientais, entender as legislações e se antecipar a novas exigências do governo ou mercado.

Assim, a ideia de que há uma escolha entre qualidade socioambiental e sobrevivência econômica das empresas (mesmo pequenas) não é correta. Na realidade, as empresas necessitam é de uma política de inovação e capacitação para conseguir as melhoras ambientais. Muitas vezes, quando a sustentabilidade socioambiental não é inerente aos processos de produção tradicionais, falta a necessidade de inovar e melhorar, quando mercados, sociedade civil ou sistemas regulatórios não fazem pressão para que as empresas mudem. Tendo essa pressão, os APLs são geralmente capazes de responder, criam ações coletivas, buscando suporte das organizações de apoio ou mesmo investindo recursos próprios para mudar, gerando mais desenvolvimento local.

Redes organizacionais são importantes para apoiar melhorias socioambientais em APLs

A governança das redes entre os agentes produtivos nos APLs, suas cadeias de suprimento, seus clientes e organizações de suporte (como Sebrae, governos etc.) são importantes para determinar o sucesso no melhoramento de um APL. Os estudos buscam entender de que forma os diversos indivíduos e organizações interagem nos APLs, analisando como as redes organizacionais são formadas e como essas interações produzem mudanças nas empresas e nas suas cadeias produtivas.

As organizações formadas por pares, como sindicatos de empresas ou mesmo o Sebrae, servem para organizar as atividades do APL e impulsionar o seguimento de regras pelo coletivo dos agentes econômicos. Muitas dessas organizações contam com a confiança dos filiados, pois eles geralmente têm os mesmos problemas e buscam apoio para ações similares, mesmo que muitas vezes estejam competindo no mesmo mercado. As redes de empresas podem ter um maior acesso a diversas organizações, como federação de indústrias ou Senai, por causa do peso político e econômico advindo de sua associação. Na realidade, no Brasil muitas dessas organizações, como o Sebrae, agora têm políticas explícitas para trabalhar com APLs, em vez de com empresas individuais, pois isso aumenta sua capacidade institucional e escala, e a própria interação entre as empresas difunde conhecimento e práticas, e cria parcerias.

No caso do polo da Fazenda Botafogo (capítulo 6), a Associação das Empresas do Distrito Industrial Fazenda Botafogo (Asdin) teve um papel fundamental em fomentar o desenvolvimento de ações socioambientais entre as associadas, mesmo quando a ideia do Ecopolo contou com menos apoio do estado. A troca de experiências e o aprendizado conjunto entre as ajudaram a capacitar os participantes dos grupos de trabalho da Asdin a avançar em várias questões ambientais. A experiência de Hackefors na Suécia também mostra as vantagens que elas adquirem ao se associarem, principalmente as pequenas, para buscar ações conjuntas de gestão ambiental, reduzindo os custos e produzindo soluções comuns.

Portanto, ações de políticas públicas que buscam a melhoria socioambiental em aglomeração de empresas devem apoiar a iniciativa de liderar das próprias associações de empresas e empresários para que busquem suas próprias soluções. Os apoios governamentais são bem-vindos e podem ajudar a catalisar as ações dos sindicatos de empresários, como no caso de financiamento dado pelo Banco do Nordeste e no caso do APL do mel em Simplício Mendes no Piauí, que permitiu um melhoramento da produção dando incentivos para a exportação de mel orgânico.

Ao mesmo tempo é importante que o Estado não somente dê incentivos e faça pressão sobre os grupos de empresários para que haja melhorias socioambientais, se possível fazendo acordos formais com prazos para que, por exemplo, a legislação ambiental seja cumprida.

Informalidade (tributária e laboral) nos APLs pode ser superada

Muitos APLs convivem com a questão da informalidade tanto tributária (não pagamento de impostos, transações sem nota fiscal) quanto laboral (uso de mão de obra informal total ou parcial), e mesmo ambiental (sem licença ambiental). Existe uma percepção de que a informalidade é necessária para manter as empresas ativas, levando muitas vezes até mesmo a que governos admitam como inevitável a informalidade para manter as empresas. Alguns autores neste livro abordaram o tema da informalidade tentando entender de que forma isso acontece, quais os obstáculos para formalização e como algumas empresas ou APLs conseguem resolver o problema de forma exitosa, ou seja, aumentando a formalidade e ao mesmo tempo tornando-se mais competitivas.

Pode parecer um paradoxo pensar que formalizando-se as empresas se tornarão insustentáveis economicamente e fecharão, gerando desemprego e decadência econômica. Muitos dizem que os custos de formalização são muito altos, como pagar taxas, pagar os benefícios aos trabalhadores e cumprir a legislação ambiental. Inclusive, há um forte discurso de desregulamentação trabalhista e econômica, apontando-a como a chave para o desenvolvimento.

Porém, a experiência empírica mostra o contrário, ou seja, os países e regiões que se desenvolveram economicamente, e que têm altos padrões econômicos, sociais e ambientais,[1] são exatamente aqueles que têm leis extremamente rígidas nas partes de taxação, padrões ambientais e trabalhis-

---

[1] Exceto a respeito dos impactos ambientais do alto consumo, causados pelos altos padrões de vida.

tas, os chamados países desenvolvidos. Esses países atingiram altos padrões de qualidade de vida exatamente porque buscaram o desenvolvimento de suas atividades econômicas com rígidos padrões legais e fiscalização.

Na realidade, a informalidade gera um ciclo vicioso local. As empresas não pagam impostos nem registram trabalhadores, assim não esperam nada dos governos em termos de apoio (por exemplo, infraestrutura), mas ao mesmo tempo têm o temor de serem fechadas por não cumprirem a lei, "devendo" favores a governos e agentes da lei local. Os trabalhadores não têm vínculo formal e estão susceptíveis a todo tipo de abuso por parte dos empregadores, mas como não têm garantias da lei ficam com receio de perder o emprego caso façam alguma reclamação. Os governos, como não recebem nada das empresas em termos de impostos, não se sentem obrigados a dar nada em retorno ou ter *accountability* (responsabilidade institucional). Às vezes, mantém as empresas na informalidade como forma de buscar seu apoio político para que as "proteja" da lei (o chamado pacto com o diabo.[2] No final, o desenvolvimento local fica comprometido tanto econômica (pouca arrecadação) quanto politicamente (falta de voz dos trabalhadores e empresas).

Se pensarmos em desenvolvimento sustentável, ou seja, o desenvolvimento econômico em longo prazo com qualidade ambiental e social, é necessário desenvolver políticas para a maior formalização das empresas em todos os aspectos (econômico, laboral e ambiental) em médio e longo prazo. Nenhum desenvolvimento duradouro é catalisado com falta de cuidados ambientais e trabalhistas. Isso somente gera problemas para a população e trabalhadores em troca de algum benefício econômico, que muitas vezes também é insustentável na primeira crise econômica ou política.

Entretanto, a saída do ciclo de informalidade das empresas em muitos casos se torna complicada pelo apoio que os governos dão à informalidade. As empresas informais, por sua vez, apoiam os governos que as "protegem" das leis, gerando um pacto perverso,[3] que é difícil de ser quebrado sem alguma interferência externa. Porém há casos em que isso acontece.

---

[2] Tendler, J. Small firms, the informal sector, and the devil's deal. *IDS Bulletin*, Institute of Development Studies, v. 33, n. 3, July 2002.

[3] Id.

Por exemplo, no caso do setor de turismo em Ilha Grande, Rio de Janeiro (capítulo 1), as empresas formais se organizaram para ativar o Convention Bureau. A necessidade de serem formais para terem os benefícios do Convention Bureau (que promove suas empresas por feiras pelo mundo e é reconhecido pelo Ministério do Turismo) fez com que muitas empresas buscassem a formalização. Além disso, as empresas do Bureau começaram a pressionar para que as informais pagassem impostos, pois viam uma concorrência desleal entre as formais e as informais.

Esse é um ponto fundamental. No caso de Ilha Grande, como o mercado de turismo tem um âmbito bastante local, as empresas competem entre si pelos mesmos clientes. A informalidade tem que ser tratada em âmbito geral, e não somente por algumas sozinhas, pois elas sofrerão concorrência predatória.

Portanto, políticas de desenvolvimento sustentável em APLs devem buscar uma formalização das empresas em todos os aspectos em médio e longo prazos. Isso não quer dizer que algumas legislações não precisam ser mudadas e simplificadas para facilitar a formalização. Com a pressão do cumprimento das leis pela formalização, surgirá uma pressão sobre os políticos para que mudem essas leis, e no final poderemos ter uma maior simplificação delas.

Cadeias de suprimentos e mercados em APLs podem alavancar (ou frear) mudanças

A relação entre empresas e suas cadeias de suprimentos influencia de forma significativa o funcionamento de arranjos produtivos locais (APLs). Neste livro vimos de que forma os arranjos produtivos incorporam etapas da cadeia de suprimentos através do aparecimento de novas empresas na região do APL. Por outro lado, o estudo examinou de que forma os APLs se adaptam a mudanças de mercado local, nacional e internacional.

Muitas vezes a boa gestão socioambiental é vista como custo e um empecilho à competitividade das empresas, levando a que governos não implementem as legislações ambientais. Porém, as questões socioambientais cada vez mais influenciam as empresas, não somente diretamente pela regulação estatal, mas indiretamente por meio de demandas dos mercados. Vindo por pressão dos consumidores ou sociedade civil (especialmente nos países desenvolvidos) ou pela incorporação voluntária de princípios de responsabilidade social empresarial por algumas empresas, o que leva a ações para controle de questões socioambientais também na cadeia a que as empresas estão ligadas.

A pesquisa identificou como as empresas estão introduzindo práticas de gestão socioambiental em seus processos. Identificamos que fatores são importantes para processos de mudança na gestão socioambiental das empresas. Analisando APLs que conseguiram avançar na melhora ambiental e social, quais os impactos e de que forma isso foi possível.

A demanda de maiores padrões de qualidade socioambiental pelo mercado tem moldado as ações dos agentes econômicos no *cluster*. As pressões para melhorias vêm diretamente dos consumidores ou pela cadeia de suprimentos. Isso pode fechar as portas para produtos de muitos países em desenvolvimento com baixos padrões ambientais e trabalhistas, mas também pode ser uma oportunidade para criar novos produtos com maior valor agregado e valor de mercado. Por exemplo, a oportunidade de exportar mel no APL do Piauí gerou uma grande oportunidade para melhoramento da qualidade do produto e com isso um melhor preço. O fato de o mel ser orgânico, devido aos métodos tradicionais de produzir e colher, gerou o interesse da ONG ligada a cadeias de comércio justo (Libero Mondo) em começar a exportá-lo para a Europa com um preço maior do que o conseguia no mercado nacional. Ao mesmo tempo, colocou-se pressão para melhoria dos padrões fitossanitários.

Em outros mercados, as demandas de padrões socioambientais vêm pela cadeia de agentes ou de clientes que vendem a consumidores finais. No caso do APL de móveis no Sul, exigências de um bom sistema de gestão ambiental, do uso de tintas não tóxicas e de utilização de madeira certificada fazem parte do pacote de demandas para exportar para certos clientes, especialmente Europa e América do Norte. Empresas que não seguem esses padrões muitas vezes são excluídas como provedores desses países, pois o cliente final, sob pressão dos consumidores e sociedade civil, prefere outros provedores. Muitas vezes os clientes internacionais acabam sendo os principais *stakeholders* nas demandas socioambientais, mais que governos e sociedade civil local, como no caso dos móveis em São Bento do Sul. Curiosamente as demandas também têm vindo de outros *stakehol-ders* até pouco tempo não associados com questões socioambientais, como bancos e seguradoras. Essas demandas socioambientais levam as empresas a buscar melhorias socioambientais, que muitas vezes se tornam prática comum na indústria, mesmo quando o produto não é para exportação.

Porém, não é só o mercado internacional que oferece oportunidades e incentivos para a melhora dos padrões socioambientais. Em muitos lugares do Brasil, há uma grande demanda por produtos orgânicos, por exemplo. O caso do APL de agricultura orgânica em Petrópolis mostra isto. A proximidade do Rio de Janeiro com grande demanda ligada à tradição de produção e consumo na agricultura orgânica na região de Petrópolis para consumo local gerou o aparecimento de grande oportunidade para aumento da produção orgânica.

Inovação e aprendizagem são os pontos-chave para melhoramento socioambiental

Mecanismos formais e informais de aprendizagem são fundamentais para o desenvolvimento e melhoramento (*upgrade*) socioambiental dos APLs. O livro examinou de que forma empresas e APLs estão estabelecendo processos de aprendizagem tecnológica e quais são. Isso envolve tanto relações intraempresas quanto entre elas e suas organizações de apoio. Em praticamente todos os casos houve algum processo interessante de aprendizagem e inovação na área socioambiental. Esses processos de inovação muitas vezes geram melhoramento da eficiência do processo produtivo, levando a uma relação de ganha-ganha entre eficiência econômica e padrões socioambientais.

Esses processos de aprendizagem acontecem de várias formas e por diversas razões. Muitas vezes as empresas do APL têm que responder a demandas vindas dos mercados ou governos para cumprimento da lei, mas também ao aparecimento de oportunidades para aprimoramento de processos ou entrada em novos mercados. Nos casos onde há exportação, como dos APLs de móveis no Sul ou do mel no Piauí, existe o incentivo de melhoras socioambientais para ter um preço mais interessante para o produto, ou o risco de perder um bom cliente caso não se cumpram os padrões.

Como os processos de aprendizagem acontecem, têm uma relação com a dinâmica interna do APL, muitas vezes tentando responder a uma demanda externa, ou com a interação entre atores locais e externos. Por exemplo, o Distrito Industrial Fazenda Botafogo no Rio (capítulo 6) criou uma dinâmica própria de pensar melhorias socioambientais por meio de troca de informações e ações conjuntas, depois que o estado iniciou o projeto dos Ecopolos, que foi abandonado mais tarde, mas a interação continuou. O APL de móveis no Sul do Brasil respondeu à pressão por melhora de padrões socioambientais com a criação de instituições para ajudar as empresas a inovar na área socioambiental. Por exemplo, o Senai local criou capacidade para apoiar as empresas do setor moveleiro através do Centro Tecnológico do Mobiliário (Cetemo). O Cetemo, devido às tendências no setor, dá treinamento e apoio técnico às empresas para aperfeiçoamento dos padrões socioambientais. O Cetemo se capacitou para certificar independentemente alguns padrões socioambientais, como o tipo de tinta, pedido por alguns países (como aqueles da União Europeia). Assim, as empresas não necessitam contratar os custosos certificadores internacionais.

A inovação também vem pela própria cadeia. Clientes ajudam as empresas a se capacitarem para responder às demandas externas, como no caso do APL do mel no Piauí, onde a ONG de comércio justo (Libero Mondo) ajudou a associação a melhorar seus padrões fitossanitários para poder exportar para a Europa. Porém, há muitos obstáculos no caminho. No caso das quebradeiras de coco babaçu no Maranhão (capítulo 3), os clientes de comércio justo (The Body Shop) estavam interessados não somente no produto, mas na sua produção manual e rudimentar, e compravam somente de algumas comunidades. Isso impediu que houvesse inovações no processo para, por exemplo, mecanizá-lo, pois tiraria o apelo da produção manual pelas quebradeiras. Também, o cliente não tinha interesse em comprar outros produtos com maior valor agregado, como sabonetes. No final, o comércio justo ajuda a dar uma renda maior a uma pequena parcela dos produtores, mas não leva a inovações e melhorias em médio e longo prazos.

APLs de produtos que agregam valor a matérias-primas e conhecimentos da região

Muitos dos produtos vindos do Brasil saem da região com pouco valor agregado. Alguns deles têm um potencial imenso de geração de riqueza, como as pedras ornamentais, que fora da região alcançam preços altíssimos no mercado. Por outro lado, o conhecimento local pode ser fundamental para o estabelecimento de novos produtos. Pouco a pouco se estabelecem APLs que tentam agregar valor ao conhecimento e matéria-prima local, para que saiam da região como manufaturados e com um valor agregado muito maior. Neste livro vimos como esses APLs se estabelecem e quais os fatores que influenciam o seu crescimento.

O caso do APL de produtos regionais da Amazônia (capítulo 5) é interessante para mostrar como existe potencial para produtos regionais fabricados de forma sustentável. As empresas apareceram pela própria iniciativa de empreendedores locais e a existência do conhecimento local. Isso acontece mesmo quando receberam pouco apoio do Estado se comparadas com as empresas tradicionais do polo industrial de Manaus, como eletroeletrônica e duas rodas, que usam pouco o potencial da região. Mesmo tendo desenvolvido capacidade tecnológica nos últimos anos, essas empresas dependem muito da política de incentivos fiscais para terem sustentabilidade financeira. Assim, incentivo a APLs de produtos regionais pode catalisar o desenvolvimento sustentável local aproveitando um conhecimento e unicidade dos produtos locais.

No capítulo 3, que explora o mel no Piauí e babaçu no Maranhão, também existe um forte fator de aproveitamento de matéria-prima e agregação de valor (no caso do mel) de produtos locais. Muitas vezes isso não é valorizado localmente, mas no mercado mais abrangente (doméstico ou internacional) a qualidade socioambiental é muito mais apreciada e existe a possibilidade de catalisar o desenvolvimento local com o mesmo produto, mas com mercado diferente.

Cumprimento da lei: de polícia para política

É importante que o Estado atue de forma coordenada quando usa seus poderes de "polícia" (coerção) e de promotor de políticas públicas junto às empresas. Quando os agentes do Estado agem no cumprimento da lei, eles geralmente usam seu poder de polícia como mecanismo para buscar o interesse público (como na fiscalização dos problemas de meio ambiente e questões trabalhistas). Por outro lado, agentes do Estado também têm outros mecanismos para atingir objetivos de interesse público, como políticas públicas para treinamento, incentivos fiscais e crédito. Muitas vezes, esses dois tipos de mecanismos não agem de forma coordenada, perdendo sinergias que poderiam ajudar na governança dos *clusters* e no melhoramento socioambiental de produtores e/ou empresas.

Por exemplo, na área ambiental (de forma similar na área trabalhista e tributária) os órgãos ambientais de fiscalização usam seu poder de polícia para multar, fechar empresas não cumpridoras da legislação ambiental ou fornecer licenças para empresas que estão na informalidade. Porém, esses órgãos geralmente não dão apoio para que as empresas se preparem para cumprir as leis, deixando essa tarefa a consultores privados ou outros órgãos estatais ou quase estatais, como as federações de indústrias ou Sebraes.

A coordenação entre o poder de polícia e políticas públicas do Estado poderia gerar um sistema de incentivos institucionais mais efetivo para o melhoramento dos *clusters*. Os próprios agentes estatais encarregados de cumprir a lei deveriam também orientar diretamente e criar programas para que os agentes produtivos possam trabalhar de forma legal. Utilizariam políticas públicas como forma de ajudar empresas a cumprir com a lei, mas ao mesmo tempo usariam o poder de polícia caso não melhorem e consigam os resultados esperados pela lei. Esse balanço entre polícia e política tem que ser feito de forma transparente para que não dê incentivos à corrupção e/ou inépcia do poder público em agir.

Comentários finais: agenda de pesquisa

Os tópicos discutidos acima dão uma ideia do que necessitamos aprender mais para podermos avançar no conhecimento e em políticas públicas para melhoramento de *clusters* e desenvolvimento local. O ponto crucial é entender como melhorar a governança dos APLs para que sigam na direção do desenvolvimento sustentável, melhorando seus padrões socioambientais sem causar distúrbios na produção. Vimos que muitas vezes as pressões vêm da cadeia de valor a que o *cluster* está ligado, mas o tipo de relação entre as empresas e clientes é importante para levar ao aperfeiçoamento contínuo. Algumas relações podem prejudicar a capacidade de inovação das empresas. Também analisamos a necessidade de mecanismos e instituições que busquem o cumprimento da lei e ao mesmo tempo possam dar recursos (humanos, técnicos, econômicos) para que isso aconteça.

Como já citado, os casos neste livro não pretendem esgotar o debate sobre sustentabilidade e APLs, mas apenas iniciá-lo. Muito já foi produzido sobre o estudo de *clusters* ou APLs na literatura nacional e internacional. Porém, pouco se tem pesquisado sobre os aspectos socioambientais e a relação entre *clusters* e o desenvolvimento local. Temos que avançar na agenda de pesquisa sobre APLs e sustentabilidade para podermos entender melhor como mover os *clusters* para que aprimorem seus padrões socioambientais e contribuam mais para o desenvolvimento local sustentável.

Sobre os autores

Delane Botelho é doutor em administração de empresas (marketing) e professor adjunto da Escola de Administração de Empresas de São Paulo da Fundação Getulio Vargas (Eaesp/FGV). Foi *visiting scholar* na University of Southern California (EUA) e *research fellow* na United Nations Conference on Trade and Development (Unctad). Seu interesse de pesquisa está na interface entre marketing e desenvolvimento. E-mail: delane.botelho@fgv.br.

João Carlos Paiva da Silva é mestre em administração pública pela Escola Brasileira de Administração Pública e de Empresas da Fundação Getulio Vargas (Ebape/FGV), pós-graduado em engenharia de produção pela Universidade Federal de Santa Catarina (UFSC), MBA em administração pela FIA/USP, professor da Universidade do Estado do Amazonas (UEA) e administrador da Área de Controle de Mercadoria e Cadastros da Superintendência da Zona Franca de Manaus (Suframa). Seu interesse de pesquisa está no papel das empresas na promoção de desenvolvimento regional sustentável, em especial na área de atuação da Suframa. E-mail: jcarlos@suframa.gov.br.

José Antonio Puppim de Oliveira é engenheiro (ITA), com mestrado (Universidade de Hokkaido, Japão) e doutorado (MIT, EUA) em planejamento. Atualmente é diretor assistente e pesquisador sênior do Instituto de Estudos Avançados da Universidade das Nações Unidas (www.ias.unu.edu). Foi até 2008 professor da Ebape/FGV. Lecionou na University College London (UCL) e na Universidade de Santiago de Compostela (Espanha). E-mail: joseantonio_puppimdeoliveira@yahoo.com.

José Jorge Abraim Abdalla é mestre em ciências da administração pelo Coppead/UFRJ e graduado em administração pela Ebape/FGV. Participou do Advanced International Training Programme in Environmental Management and Development no Swedish Standards Institute (SIS). Pesquisador/consultor com áreas de interesse em análise organizacional e gestão ambiental. E-mail: jose.abdalla@fgv.br.

Leonardo Ciuffo Faver é mestre em gestão empresarial pela Ebape/FGV, tem pós-graduação em engenharia de irrigação pela Universidade Federal Rural do Rio de Janeiro (UFRRJ) e em gestão ambiental pela Universidade Federal de Lavras (Ufla), cursou engenharia agronômica na UFRRJ e administração de empresas na Universidade Católica de Petrópolis (UCP). Engenheiro agrônomo da Emater-Rio desde 1993, e em 2006 foi convidado para ser o primeiro-secretário de Agricultura do município de Petrópolis. Também é professor da UCP nas áreas de organizações e responsabilidade social. E-mails: leonardofaver@ig.com.br e leonardo.faver@ucp.br.

Milber Fernandes Morais Bourguignon é mestre em administração pública pela Ebape/FGV e administrador do Banco Nacional de Desenvolvimento Econômico e Social (BNDES). Possui interesse na formulação de políticas públicas para o comércio exterior e para promoção de micro, pequenas e médias empresas. E-mail: milber@bndes.gov.br.

Paulo Jordão Fortes é mestre em administração pela Ebape/FGV, MBA em gestão empresarial pela Ebape/FGV e graduado em business administration pela University of Nebraska at Omaha (UNO). Professor e coordenador do curso de administração de empresas da Universidade Federal do Piauí (UFPI). E-mail: paulojordao@ufpi.edu.br.

Rafael Santos Sampaio é mestre em administração de empresas e especialista em marketing pela FGV, engenheiro de computação pela PUC-Rio. Executivo com passagem em grandes empresas como eBay.com e Senac, possui larga experiência na condução de projetos nacionais e internacionais no setor de turismo e tecnologia da informação. Mora no Rio de Janeiro onde trabalha como executivo e dedica-se à docência e pesquisa, com interesse especial nos temas: sustentabilidade, inovação e estratégia. E-mail: rs.sampaio@uol.com.br.

Susana Arcangela Quacchia Feichas é mestre em ciência ambiental pela Universidade Federal Fluminense (UFF) e graduada em administração pública pela Ebape/FGV. Professora da FGV com atuação nas áreas de administração de recursos humanos, análise organizacional e gestão ambiental, voltada para docência, coordenação de cursos, consultoria e pesquisa.

Este livro foi impresso nas oficinas gráficas da Editora Vozes Ltda.,
Rua Frei Luís, 100 – Petrópolis, RJ,